원서발췌
일지록

고전 명작을 읽는 가장 쉬운 길, ‘지식을만드는지식 원서발췌’

축약, 해설, 리라이팅이 아닙니다. 원전의 핵심 내용을 문장 그대로 가져옵니다. 작품의 오리지낼리티를 가감 없이 느낄 수 있습니다.
두껍고 읽기 어려워 책장을 덮어 버리곤 했던 고전을 발췌합니다. 해당 작품을 연구한 전문가가 작품의 정수를 가려 뽑아냅니다. 핵심만 읽기 때문에 더 빠르게 더 많은 고전을 읽을 수 있습니다. 제외된 부분은 중간중간 친절하게 요약 설명합니다. 풍부한 해설과 주석으로 전체 내용을 파악하는 데 무리가 없습니다. 정확한 번역, 적절한 윤문으로 10대에서 80대까지 누구나 쉽게 읽을 수 있습니다. 콤팩트한 사이즈와 분량이므로 간편하게 휴대할 수 있습니다. 수천 쪽의 고전을 발췌된 내용으로 읽고도 전체 의미를 파악할 수 있는 것이 지식을만드는지식 원서발췌의 매직입니다. 발췌율은 표지에 표시하고 발췌 방법은 일러두기에 상세히 밝힙니다.
고전 독자를 발췌 읽기에서 완역 읽기로, 더 나아가 원전 읽기로 안내합니다. 바쁜 현대인들에게 새로운 고전읽기 방법을 제시합니다.

원서발췌
일지록

日知錄

고염무(顧炎武) 지음
윤대식 옮김

대한민국, 서울, 지식을만드는지식, 2026

편집자 일러두기

- 이 책은 《增訂中國學術名著第一輯》(楊家駱 主編)의 《增補中國思想名著》(臺北: 世界書局, 1972, 4版) 중 《일지록집석》(상 · 하)을 저본으로 삼았습니다.
- 이 책은 총 32권 1021항목으로 구성된 저본에서 고증의 사례, 정치제도, 사회 · 경제제도, 전통과 풍속, 경학 해석, 역사의식, 박문의 일곱 가지 세부 영역으로 구분해 총 68개 항목을 직접 발췌한 것입니다.
- 괄호 안의 말과 바깥 말의 독음이 다를 때, 괄호가 중복될 때에는 [ ]를 사용했습니다.
- 이 책은 2009년 5월 15일 한정판 '고전선집' 시리즈로 처음 출간했습니다. 2019년 3월 6일 표지를 바꿔 '천줄읽기' 시리즈로 다시 출간했다가 이번에 '원서발췌' 시리즈로 옮겨 출간합니다.

차례

5. 경학(經學)에 관해

6. 역사(歷史)에 관해

7. 박문(博聞)에 관해

1. 고증(考證)에 관해

그 어린 돼지는 자신이 갖는다(言私其豵)

“우리 공전(公田)에 비를 내리고 마침내 우리 사전(私田)에 미치도다”라는 시는 공적인 것을 먼저 하고 사적인 것을 뒤로 하는 것을 읊은 노래다. “그 어린 돼지는 자신이 갖고 세 살 된 돼지는 왕에게 바친다”라는 시는 사적인 것을 먼저 하고 공적인 것을 뒤로 하는 것을 읊은 노래다. 천하가 한 가족이 된 이후로 그 어버이만을 친밀히 하고 그 자식만을 자식으로 여기니 사람들의 사사로운 인정을 탈피할 수 없었다. 그러므로 선왕(先王)은 그것을 금지하지 않고 금지하는 것만을 능사로 여기지도 않았다. 또 인정을 따라 구휼했고 나라를 세우면서 제후들을 친밀히 했으며 땅으로 봉록을 주었고 씨명[氏]을 명명해 주었으며 밭을 구획하여 나누어 주었고 세상의 사사로움을 합하여 천하의 공적인 것[公]을 이루었으니 이것이 왕정(王政)이 된 까닭이다. 관직을 맡고 있는 이들에게 내린 훈칙에는 “공적인 것으로 사적인 것을 없애라”고 했다. 그러나 봉록이 경작을 대신할 정도로 충분하고 밭이 제사를 받들기에 충분하며 어미가 집안사람의 귀양으로 한탄할 일이 없도록 하는 것이 사적인 것을 구휼하는 것이었다. 이 뜻이 분명치 않음이 오래되어 세상의 군자들은 "공적인 것은 있으나 사적인 것은 없다"라고 한다. 그러나 이것은 후대가 일부러 만든 아름다운 말일 뿐 선왕이 내린 진정한 훈칙은 아니다.

"雨我公田, 遂及我私." 先公而後私也. "言私其豵, 獻豣于公." 先私而後公也. 自天下爲家, 各親其親, 各子其子, 而人之有私固情之所不能免矣. 故先王弗爲之禁, 非惟弗禁. 且從而恤之, 建國親侯, 胙土命氏, 畫井分田, 合天下之私, 以成天下之公, 此所以爲王政也. 至於當官之訓則曰, "以公滅私." 然而祿足以代其耕, 田足以供其祭, 使之無將母之嗟室人之謫, 又所以恤其私也. 此義不明久矣, 世之君子必曰, "有公而無私." 此後代之美言, 非先王之至訓矣.

태원(大原)

《시》에 "널리 험윤(玁狁)을 정벌하고 태원(大原)에 이르렀다"고 했는데 《모시(毛詩)》와 정현(鄭玄)의 《시전》은 모두 그 지역을 자세하게 설명하지 못했다. 그 지역을 지금의 태원 양곡현이라고 간주한 것은 주자(朱子)에서 시작되었으나 나는 차마 믿을 수 없다. 옛날에 태원이라고 말한 곳은 많았다. 《한서》〈지리지 > 에는 "안정군에 경양현이 있고 개두산은 서쪽에 있다"고 했고 《상서》〈우공〉에서는 "경수가 나오는 곳"이라고 했다. 《후한서》〈영제기〉의 "단경(段熲)이 선령강(先零羌)을 경양에서 대파했다"는 내용에는 "경양현은 안정 지역에 속하고 원주 지역에 있다"는 주해가 붙어 있고 《한서》〈군현지〉에는 "원주 평량현은 본래 한경 양현 지역으로, 지금 현의 서쪽으로 40리이며, 경양 지역의 옛 성터가 이곳"이라고 했다. 그렇다면 태원은 지금의 평량 지역에 해당한다. 후위(後魏)가 건국되고 나서 원주가 되었으니, 또한 원주가 옛 태원의 이름을 가졌을 따름이다. 주나라 사람들이 경양과 원주 사이에서 험윤을 막은 것은 분명하다. 만약 진양의 태원 지역이 대하의 동쪽에 있었다면 주나라 수도와 1500리 거리인데 어찌 오랑캐가 서쪽에서 오는데도 주나라 사람들이 군대를 동쪽으로 보냈겠는가? 그러므로 "천자가 우리에게 명하시어 저 삭방에 성을 쌓았도다"라고 했고 《국어》에는 "선왕이 태원에서 백성들의 수를 헤아렸다"라고 했던 것이다. 그렇다면 또한 그 지역이 변방에 가까이 있어 오랑캐를 방어하기 위해 준비할 적에도 진나라에서 백성들의 수를 조사하지 않았음이 분명하다. 또 《한서》에서 "진나라의 남쪽은 민·월을 넘지 않았고 북쪽으로 태원을 넘지 않았으니 세상이 어지러워졌다"라는 가연의 말을 생각해 보면 태원은 평량이 맞지 진양이 아니다. 만약 《상서》 〈우공〉의 "이미 태원 땅을 닦고 악산 남쪽 기슭에 이르렀다"와 《춘추》의 "진나라의 순오가 군대를 이끌고 태원 지역에서 적(狄)을 패퇴시켰다"는 내용, 그리고 자산이 숙향과 마주할 때 "분수와 조수의 물을 잘 흐르게 하고 큰 못에 제방을 쌓아서 잘 막고 태원에 머물렀습니다"라고 한 말이 모두 지금의 진양을 말한다면 어찌 진나라의 태원이 주나라의 태원이 될 수 있겠는가?

내가 《죽서기년》을 읽고 주나라 때 견융으로 인한 재앙이 있었음을 알았다. 목왕(穆王)이 견융을 정벌할 적에 군대가 서쪽으로 향하니 복종하지 않는 자가 없었다. 이때 목왕은 견융을 태원으로 이동시켰다. 함부로 전쟁을 일으켜 무덕(武德)을 더럽힌 군사였다는 이유로 견융족을 옮겼던 것이다. 의왕과 효왕의 시대에는 군대를 자주 내어 정벌했다. 이왕 7년에 이르러 괵공이 군대를 거느리고 태원에 있는 견융을 공격해서 유천에 이르러 말 1000필을 획득했다. 옛날에는 견융을 기내(畿內)에 옮겨놓았던 것인데 지금은 그들이 도적이 되었기에 정벌했던 것이다. 선왕(宣王)의 시대에는 비록 국호를 중흥이라고 했지만 선왕 33년에 왕의 군대가 태원에 거주하는 견융을 공격했다가 이기지 못했다. 선왕 38년에 조융(條戎)과 분융(奔戎)을 공격했는데 왕의 군대가 패하여 도망갔다. 선왕 39년에 천묘(千畝)에서 강융(姜戎)을 공격했는데 왕의 군대가 패하여 도망갔다. 선왕 40년에 태원에서 백성들의 수를 조사했다. 이러한 일은 후한 때 서강(西羌)의 반란과 대략 비슷하다. 유왕 6년에 백사(伯士)에게 군대를 이끌고 가서 육제(六濟)에 살고 있는 견융을 정벌하라고 명령했는데 왕의 군대가 패하여 도망갔다. 이때 견융은 관중(關中)에서 정비하여 기거할 수 있었고 동쪽의 신후(申侯)를 끼고 함께 결맹하여 구(寇)로 들어갔다. 대개 선왕의 시대에 견융으로 인한 환란은 한나라 안제(安帝) 때와 같았고, 유왕의 시대에 견융으로 인한 환란은 진나라 회제(懷帝) 때와 같았다. 견융이 유래한 사실은 하루 이틀 일이 아니다. 그리고 서주의 중요한 세 개 하천이 흔들렸다는 사실과 염호의 노래[檿弧之謠]는 모두 그때를 시의적절하게 지적한 것이다. 그렇다면 생각건대 선왕의 공적은 또한 당나라 선종의 공적을 넘지 못하니, 주나라 사람들이 선왕을 아름답게 여기는 것 또한 노나라 사람들이 희공을 칭송한 것과 같다. 해 놓은 일은 변변치 못한데 칭송하는 글들은 사치스럽구나. 책은 말을 다하지 못하는데 이러한 이유로 내 그 시대를 논해 보았다.

"薄伐玁狁, 至於大原." 毛·鄭皆不詳其地. 其以爲今太原陽曲縣者, 始於朱子, 而愚未敢信也. 古之言大原者多矣. 《漢書》〈地理志〉"安定郡有涇陽縣, 開頭山在西."〈禹貢〉"涇水所出."《後漢書》〈靈帝紀〉"段熲破先零羌於涇陽." 注, "涇陽縣屬安定, 在原州."〈郡縣志〉"原州平涼縣, 本漢涇陽縣地, 今縣西四十里, 涇陽故城, 是也." 然則大原當即今之平涼. 而後魏立爲原州, 亦是取古大原之名爾. 計周人之禦玁狁, 必在涇原之間. 若晉陽之太原在大河之東, 距周京千五百里, 豈有寇從西來, 兵乃東出者乎? 故曰, "天子命我, 城彼朔方." 而《國語》"宣王料民于大原." 亦以其地近邊而爲禦戎之備, 必不料之於晉國也. 又按《漢書》賈捐之言, "秦地南不過閩 · 越, 北不過大原, 而天下潰畔." 亦是平涼而非晉陽也. 若《書》〈禹貢〉"既修大原, 至于岳陽."《春秋》"晉荀吳帥師敗狄于大原." 及子產對叔向, "宣汾洮, 障大澤, 以處大原." 則是今之晉陽, 而豈可以晉之大原爲周之大原乎?

吾讀《竹書紀年》, 而知周之世有戎禍也. 蓋始於穆王之征犬戎, 六師西指, 無不率服. 於是遷戎於太原, 以黷武之兵而爲徙戎之事. 懿 · 孝之世, 戎車屢征. 至夷王七年, 虢公帥師, 伐太原之戎, 至於俞泉獲馬千匹. 則是昔日所內徙者, 今為寇而征之也. 宣王之世, 雖號中興, 三十三年, 王師伐太原之戎不克. 三十八年, 伐條戎奔戎, 王師敗逋. 三十九年, 伐姜戎戰於千畝, 王師敗逋. 四十年, 料民於太原. 其與後漢西羌之叛大略相似. 幽王六年, 命伯士帥師, 伐六濟之戎, 王師敗逋. 於是, 關中之地, 戎得以整居其間, 而陝東之申侯, 至與之結盟而入寇. 蓋宣王之世, 其患如漢之安帝也, 幽王之世, 其患如晉之懷帝也. 其自貽伊戚古今同慨焉, 而三川之震 · 檿弧之謠, 皆適會其時者也. 然則宣王之功計, 亦不過唐之宣宗, 而周人之美宣, 亦猶魯人之頌僖也. 事劣而文侈矣. 書不盡言, 是以論其世也.

인국(因國)

싸워 망한 나라[勝國]가 있고 전대의 나라를 계승한 나라[因國]가 있다. 《주례》〈매씨〉에는 "무릇 남자와 여자의 집안 송사는 망한 나라의 사직에서 듣는다"라고 했고 〈상축〉에는 "싸워 망한 나라나 읍의 사직에서 축호(祝號)를 관장한다"고 했으며 〈사사〉에는 "만약 전쟁에서 싸워 망한 나라의 사직을 받든다면 그가 시동[尸]이 된다"고 했다. 《상서》〈서문〉에는 "탕임금이 이미 하나라를 싸워 이기고 하나라의 사직을 옮기고자 했다"고 했고 또 "무왕이 은나라를 싸워 이겼다"라고 했으며 《좌전》에 "무릇 다른 나라를 싸워 이기면 멸망시켰다고 말한다"라고 한 것이 이 말이다. 《예기》〈왕제〉에는 "천자와 제후는 자기의 땅 안에 있는 인국의 제사를 받들 후손이 없는 자를 제사한다"고 했고 《좌전》에 자산이 숙향에게 대답하기를 "알백을 상구로 옮겨 진성[辰]에 대해 제사를 주관하게 했는데 상나라 사람이 이곳을 근거로 해서 살았습니다. 실침을 대하로 옮겨 삼성[參]에 대해 제사를 주관하게 했고 당나라 사람이 이곳을 근거로 삼았습니다"라고 했으며 제나라 안자가 경공에게 "옛날에 상구씨가 처음에 이 땅을 차지해 살았고 계즉씨가 그 뒤를 이어받고 봉백릉에 이어서 포고씨가 이어받았으며 그런 뒤에 태공께서 이어받으셨습니다"라고 대답한 것이 이 말이다.

有勝國, 有因國. 《周禮》〈媒氏〉"凡男女之陰訟, 聽之於勝國之社."〈喪祝〉"掌勝國邑之社稷之祝號."〈士師〉"若祭勝國之社稷, 則爲之尸."《書》〈序言〉, "湯旣勝夏, 欲遷其社." 又言 "武王勝殷."《左傳》"凡勝國曰, 滅之." 是也. 〈王制〉"天子諸侯, 祭因國之在其地而無主後者."《左傳》子産對叔向曰, "遷閼伯於商丘, 主辰, 商人是因. 遷實沈於大夏, 主參, 唐人是因." 齊晏子對景公曰, "昔爽鳩氏始居此地, 季萴因之, 有逢伯陵因之, 蒲姑氏因之, 而後太公因之." 是也.

글은 천하에 이로움을 주어야 한다(文須有益於天下)

글이 천지간에 끊길 수 없는 이유는 도를 밝히고 정사를 바로 하며 백성의 근심을 살피고 도인의 좋은 점을 즐기기 때문이라고 말한다. 만약 이런 것이 천하에 이로움이 되고 장래에도 이로움이 된다면 한 편이 더해질수록 한 편의 이로움이 더해질 것이다. 괴이한 일, 힘으로만 하는 일, 천하를 어지럽히는 일, 귀신에 관한 일[怪力亂神之事]과 황당무계한 말, 남의 말이나 글을 따다가 하는 주장, 아첨하는 글[無稽之言 · 勦襲之說 · 諛佞之文]은 스스로에게도 손실이고 남에게도 무익하니 한 편이 더해질수록 한 편의 손실이 더해질 뿐이다.

文之不可絶於天地間者, 曰明道也, 紀政事也, 察民隱也, 樂道人之善也. 若此者, 有益於天下, 有益於將來, 多一篇, 多一篇之益矣. 若夫怪力亂神之事, 無稽之言 · 勦襲之說 · 諛佞之文, 若此者, 有損於己, 無益於人, 多一篇, 多一篇之損矣.

책을 쓰는 어려움(著書之難)

제자백가의 저서는 《맹자》, 《순자》 외에도 《노자》, 《장자》, 《관자》, 《상군서》, 《신자》, 《한비자》와 같이 모두가 스스로 일가를 이룬 말이다. 《여씨춘추》와 《회남자》에 이르면 스스로 이룰 수 없었기 때문에 제자의 말을 취해 모아서 책을 만든 것이니 이로 인해 제자의 저서가 크게 변질되었다. 요즘 사람들이 책을 편집할 때는 일일이 다 손으로 했기에 많을 수가 없으니 대체로 《여씨춘추》, 《회남자》와 같은 종류의 책들이다. 옛사람들의 성취에는 미치지 못하면서 후세에는 없을 수 없기에 후대에 억지로 만들었던 것이니 그 뜻이 제대로 전달되겠는가? 사마광의 《자치통감》과 마단림의 《문헌통고》 같은 송나라 사람들의 책 모두는 평생의 힘을 쏟아 완성한 것으로 마침내 후대에도 없어서는 안 될 책이 되었다. 그러나 그 가운데 약간의 오류도 오히려 비난을 면치 못했다. 후대 사람들의 책을 보자면, 양은 더 많아졌는데 오류도 더 많아지고, 만드는 속도는 더 빨라졌는데도 더 전해지지 못한다. 그렇게 된 이유는 책 만드는 일을 너무 쉽게 봤고 이름을 드날리는 데

급급했기 때문이다.

子書自《孟》·《荀》之外, 如《老》·《莊》·《管》·《商》·《申》·《韓》, 皆自成一家言. 至《呂氏春秋》·《淮南子》則不能自成, 故取諸子之言彙而爲書, 此子書之一變也. 今人書集, 一一盡出其手, 必不能多, 大抵如《呂覽》·《淮南》之類耳. 其必古人之所未及就, 後世之所不可無, 而後爲之, 庶乎其傳也與? 宋人書如司馬温公《資治通鑑》·馬貴與《文獻通考》, 皆以一生精力成之, 遂爲後世不可無之書. 而其中小有舛漏, 尚亦不免. 若後人之書, 愈多而愈舛漏, 愈速而愈不傳. 所以然者, 其視成書太易, 而急於求名故也.

직언(直言)

장재는 “백성은 나와 같은 형제”라고 했다. 오늘날의 백성은 나를 포함하여 윗자리에 있는 사람들이 함께 공유하는 것이다. 백성을 구제하는 일은 윗자리에 있는 사람의 책임이요, 백성을 구제하자는 말을 다하지 못하게 된 것은 아랫자리에 있는 사람의 책임이다. “천하에 도가 있으면 서인들이 구구하게 말하지 않는다”고 했으니 정교와 풍속이 진실로 다 선하지 않아도 곧 서인들이 구구하게 말하는 것을 허락했던 것이다. 그러므로 《상서》 〈반경〉에는 “아무도 감히 백성들이 간하고자 하는 일을 숨기지 말라. 나라에 큰 의심이 생기면 백성들이 복종하고 반역하는지에 대해 거북점을 쳐라”라고 알린 것이다. 자산이 향교를 헐어 버리지 않고 한나라 문제가 연(輦)을 타지 않고 그 간언을 받아들인 것 모두가 이런 이유다. 당나라 중엽에도 이 뜻이 오히려 남아 있었다. 노산의 수령 원덕수는 악공 여러 명을 파견하여 이별가 〈우위〉를 만들었는데 현종이 이를 듣고 감동했다. 백거이가 주질현의 태위가 되어 악부와 시 100여 편을 지었는데 풍(諷)이 만들어진 때의 일을 살펴서 민간에 흘러들어 가는 것을 금지했다. 헌종도 한림학사를 불러들여 여러 나라의 노래[列國之風]를 나열하고 많은 사람들이 노래 부르는 것을 듣기를 가까이했다.

張子有云, "民吾同胞." 今日之民, 吾與達而在上位者之所共也. 救民以事, 此達而在上位者之責也, 救民以言, 此亦窮而在下位者之責也. "天下有道, 則庶人不議." 然則政教風俗, 苟非盡善, 即許庶人之議矣. 故〈盤庚〉之誥曰, "無或敢伏, 小人之攸箴, 而國有大疑, 卜諸庶民之從逆." 子産不毁鄕校, 漢文止輦受言, 皆以此也. 唐之中世, 此意猶存. 魯山令元德秀, 遣樂工數人連袂歌〈于蔿〉, 玄宗爲之感動. 白居易爲盩厔尉, 作樂府及詩百餘篇, 規諷時事, 流聞禁中. 憲宗召入翰林, 亦近於陳列國之風 · 聽輿人之誦者矣.

하동 · 산서(河東 · 山西)

하동과 산서는 동일한 지역이다. 당나라 때의 경사(京師)는 관중에 있었는데 그 동쪽으로 황하가 흐르기 때문에 하동이라고 일컬었다. 원나라의 수도는 계문에 있었는데 그 서쪽으로 산이 있기에 산서라고 일컬었다. 각각 기내(畿內)에 가까이 있었음을 말한 것이니 옛날에 산서라고 부른 곳은 오늘날의 관중이다. 《사기》 〈태사공 자서〉에는 "소하가 산서 지역을 진무했다"라고 했고 《방언》에는 "산으로부터 동쪽은 다섯 개 나라의 교외"라고 했는데 곽박은 "6국 중 진나라만이 산서에 있었다"라고 풀이했다. 왕백후의 《지리통석》에는 "진 · 한 시기에 산북 · 산남 · 산동 · 산서라고 불린 것은 모두 태항산을 가리키는데 그것이 천하의 중심에 있었기 때문에 산으로 지세를 표시했던 것이다"라고 했다. 《사기정의》에는 "화산의 서쪽을 지표로 삼았다"라고 했는데 잘못되었다.

河東 · 山西, 一地也. 唐之京師在關中, 而其東則河, 故謂之河東. 元之京師在薊門, 而其西則山, 故謂之山西. 各自其畿甸之所近而言之也, 古之所謂山西即今關中. 《史記》

〈太史公自序〉“蕭何填撫山西.”《方言》“自山而東, 五國之郊.” 郭璞解曰, “六國惟秦在山西.” 王伯厚《地理通釋》曰, “秦漢之間, 稱山北 · 山南 · 山東 · 山西者, 皆指太行, 以其在天下之中, 故指此山以表地勢.”《正義》“以爲華山之西.” 非也.

섬서(陝西)

《후한서》 〈군국지〉에는 "섬현에는 섬맥이 있는데 두 방백이 나누어 다스렸기에 섬동과 섬서라고 부른다"고 했다. 《수경주》에는 "황하에서도 동쪽으로 칠리간에 이르는데 칠리간은 섬서에서 7리 거리에 있다"라고 했고 《송서》 〈유원경전〉에는 "방계명이 군대를 이끌고 섬서 칠리곡으로 향했다"라고 했다. 《북사》 〈위효무제기〉에는 "고앙이 날랜 기병과 황제를 모시고 섬서로 향했다"라고 했고 《구당서》 〈태종기〉에는 "정관 11년 9월 정해에 황하가 범람하여 섬서의 하북현을 파괴했다"라고 했으며 〈숙종기〉에는 "건원 3년 4월 경신에 우우림대장군 곽영애를 섬주자사·섬서절도·동관방어등사로 임명했다"라고 했다. 숙종대의 〈제자전〉에는 "기나라 왕인 수가 섬서절도대사로 임명될 수 있었다"라고 했고 헌종대의 〈이발전〉에는 "택주와 노주의 절도사 희사미가 죽자 이발이 조제사를 충원해서 섬서로 가는 길에"라고 했으며 〈회흘전〉에는 "광평왕·부원수 곽자의가 회흘의 병마를 이끌고 섬서에서 적과 싸웠다"라고 했으니 모두 오늘날 섬주의 서쪽을 말한다. 후대 사람들도 동관의 서쪽 지역을 통상 섬서라고 말한다.

《後漢》〈郡國志〉"陝縣有陝陌, 二伯所分, 故有陝東·陝西之稱."《水經注》"河水又東, 得七里澗, 澗在陝西七里."《宋書》〈柳元景傳〉"龐季明率軍, 向陝西七里谷."《北史》〈魏孝武帝紀〉"高昻率勁騎及帝於陝西."《舊唐書》〈太宗紀〉"貞觀十一年九月丁亥, 河溢, 壞陝西河北縣."〈肅宗紀〉"乾元三年四月庚申, 以右羽林大將軍郭英乂爲陝州刺史·陝西節度·潼關防禦等使." 肅宗〈諸子傳〉"杞王倕, 可充陝西節度大使."〈李渤傳〉"澤·潞節度使郗士美卒, 渤充弔祭使, 路次陝西."〈回紇傳〉"廣平王·副元帥郭子儀領回紇兵馬, 與賊戰於陝西." 皆謂今陝州之西. 後人遂以潼關以西, 通謂之陝西.

산동 · 하내(山東 · 河內)

옛날에 산동이라 부르는 것은 화산 동쪽이다. 《관자》에는 "초나라는 산동의 강국이다"라고 했고 《사기》에는 가생의 말을 인용해서 "진나라가 산동 제후들의 30여 군을 겸병했다"고 했으며 《후한서》 〈진원전〉에는 "폐하께서 산동에 도읍을 정하는 것은 부당합니다"라고 했다. 대개 함곡관으로부터 동쪽을 총괄해서 산동이라고 부르는데, 제나라와 노나라가 있던 곳을 오늘날 산동으로 생각하는 것은 잘못되었다. 옛날에 하내라고 불렀던 것은 기주에 있는데 삼면이 하내(河內)와 떨어져 있다. 《사기정의》에 "옛날 제왕들의 도읍은 하동과 하북에 많았다. 그러므로 하북을 하내라고 불렀다"고 했으니 하남은 하외(河外)가 된다. 또 "황하는 용문 지역을 따라 남쪽으로 화음에 이르고 동쪽으로 위주에 이르며 동북으로 바다에 흘러가고 기주를 휘감아 싸고 있다. 그러므로 하내라고 말한다"라고 했다. 대개 황하로부터 북쪽을 총괄해서 하내라고 말하는데 오늘날 회주만을 하내로 생각하는 것은 잘못되었다.

古所謂山東者, 華山以東. 《管子》言, "楚者, 山東之强國也." 《史記》引賈生言, "秦并兼諸侯山東三十餘郡." 《後漢》〈陳元傳〉言, "陛下不當都山東." 蓋自函谷關以東, 總謂之山東, 而非若今之但以齊魯爲山東也. 古所謂河内者, 在冀州, 三面距河之內. 《史記 正義》曰, "古帝王之都, 多在河東 · 河北, 故呼河北爲河內." 河南爲河外. 又云, "河從龍門南至華陰, 東至衞州, 東北入海, 曲繞冀州, 故言河內." 蓋自大河以北, 總謂之河內, 而非若今之但以懷州爲河內也.

2. 정치(政治)에 관해

향 · 정의 직(鄕亭之職)

《한서》〈백관표〉에는 "현령 · 현장 모두 진나라 관직으로 그 현을 관장하여 다스렸다. 1만 호 이상을 현령으로 삼았고, 그 녹봉[秩]은 1000석에서 600석에 이른다. 1만 호가 안 되면 현장으로 삼았는데 그 녹봉은 500석에서 300석에 이르며 모두 승 · 위를 두었는데 그들의 녹봉은 400석에서 200석에 이르니 이들이 장리(長吏)다. 100석 이하의 관직에는 두식과 좌사의 녹봉이 있는데 이들은 소리(少吏)다. 대개 10리마다 하나의 정(亭)을 두고 하나의 정에는 정장을 두며 10정마다 하나의 향(鄕)을 두는데 향에는 삼로(三老), 유질(有秩), 색부(嗇夫), 유요(游徼)를 두었다. 삼로는 교화를 관장하고, 색부는 송사와 부세를 거두는 일을 담당하며, 유요와 요순은 도적을 박는 일을 담당한다. 현은 대략 사방 100리이니, 거주하는 백성의 수가 조밀하면 현의 크기를 줄이고 백성의 수가 희소하면 현의 크기를 늘리는데 향 · 정 또한 이와 같다. 이것은 모두 진나라의 제도다"라고 했다.

《한서》〈고제기〉에 "2년 2월에 50세 이상의 백성들 중

행실을 닦고 무리를 잘 이끌 수 있는 자를 뽑아 삼로로 삼고 향에 한 사람씩 두도록 명령했다. 향의 삼로 중에 한 사람을 뽑아 현의 삼로로 삼고 현령·승·위와 함께 서로 가르치는 일을 하도록 했고 다시는 요역이나 수자리를 하지 않도록 했다"고 하는데 이러한 제도는 진나라와 한나라에서 시작하지 않았다. 제후들이 겸병을 시작할 때부터 관중·위오·자산의 무리가 나라를 다스렸던 방법이 모두 그랬다. 그리고 《주례》〈지관〉에는 "주장 이하부터 당정(黨正)·족사(族師)·여서(閭胥)·비장(比長)을 두었고 현정 이하부터 비사(鄙師)·찬장(酇長)·이재(里宰)·인장(鄰長)을 두었다"라고 했으니 삼대의 밝은 왕의 통치 역시 이것을 넘어서지 않았다.

대체로 한 개의 향에서 관(官)을 갖추고 법을 상세하게 한 뒤에야 천하를 다스리는 일이 그물 속에 벼리가 있고 가지가 뻗쳐 있어도 난잡하지 않은 것처럼 된다. 오늘날에는 모두 남아 있지 않다. 또한 수령이 소임을 다하지 못하자 감사를 여럿 두었고, 감사 또한 소임을 충족하지 못하자 또다시 목사와 방백을 세웠다. 존귀한 자와 막중한 소임만 쌓여 윗자리에 머무르니 아랫자리는 그 직을 함께 나누는 자가 없다. 비록 공정하고 염치가 있으며 근면하고 근간이 되는 관리를 얻었을지라도 오히려 다스릴 수가 없는데 하물며 적절치 못한 사람에게 의탁하랴? 이로부터 논의하자면 천하의 다스림은 이서로부터 시작해서 천자에서 끝남이 명백하다. 그러므로 옛날부터 오늘날까지 작은 관직이 많은 것은 세상이 흥성한 것이고 큰 관직이 많은 것은 세상이 쇠퇴한 것이다. 흥망의 길은 이로부터 유래한다.

《漢書》〈百官表〉"縣令·長皆秦官, 掌治其縣. 萬户以上爲令, 秩千石至六百石. 減萬户爲長, 秩五百石至三百石. 皆有丞·尉, 秩四百石至二百石, 是爲長吏. 百石以下, 有斗食·佐史之秩, 是爲少吏. 大率十里一亭, 亭有長, 十亭一鄕, 鄕有三老·有秩·嗇夫·游徼. 三老掌教化, 嗇夫職聽訟·收賦稅, 游徼·徼循禁賊盜. 縣大率方百里, 其民稠則減, 稀則曠, 鄕·亭亦如之, 皆秦制也."

〈高帝紀〉"二年二月, 令擧民年五十以上, 有脩行·能帥衆爲善, 置以爲三老, 鄕一人. 擇鄕三老一人爲縣三老, 與縣令·丞·尉以事相教, 復勿繇戍." 此其制不始於秦·漢也. 自諸候兼并之始, 而管仲·蔿敖·子産之倫, 所以治其國者, 莫不皆然. 而《周禮》〈地官〉"自州長以下, 有黨正·族師·閭胥·比長, 自縣正以下, 有鄙師·酇長·里宰·鄰長." 則三代明王之治, 亦不越乎此也.

夫惟於一鄕之中, 官之備而法之詳, 然後天下之治, 若網之在綱, 有條而不紊. 至於今日, 一切蕩然無有存者. 且守·令之不足任也, 而多設之監司, 監司之又不足任也, 而重立之牧伯. 積尊纍重, 以居乎其上, 而下無與分其職者. 雖得公廉勤幹之吏, 猶不能以爲治, 而況託之非人者乎? 由此論之, 則天下之治, 始於里胥, 終於天子, 其灼然者矣. 故自古及今, 小官多者其世盛, 大官多者其世衰. 興亡之塗, 罔不由此.

이갑제(里甲制)

상숙진매가 말하길 "《주례》에는 '5가를 비로 하고 비에는 장을 둔다. 5비를 여로 하고 여에는 서를 둔다. 4려를 족으로 하고 족에는 수를 둔다. 5족을 당으로 하고 당에는 정을 둔다. 5당을 주로 하고 주에는 장을 둔다. 5주를 향으로 하고 향에는 대부를 둔다. 그 사이의 크고 작은 일이 서로를 지탱하고 가볍고 무거운 일이 서로를 제어하며 강목을 확장하고 두루 상세하고 세밀하게 했으니 더할 것이 없다'고 했다. 요약하자면 위에서부터 아래까지 다스리는 바가 모두 다섯 사람을 넘지 않았다. 대개 상세하고 조밀한 가운데서 쉽고 간단한 뜻을 얻으니 이것이 주나라 왕실의 선량한 법과 아름다운 뜻이었다. 마침내 현령 한 사람의 몸으로 자리에 앉아 수만 호구의 조세를 다스리려고 하다 보니 조세 항목이 번잡해지고 또 예전보다 배가 되었다. 비록 자질구레하고 번잡하게 하지 않으려고 해도 어찌 가능하겠는가!"라고 했다. 내가 이에 대해 설명하자면 "현(縣)으로 향(鄕)을 다스리고 향으로 보(保)를 다스리고 보로 갑(甲)을 다스리면 이른바 다섯 사람을 넘지 않고도 두 배의 효과가 더해지는 것을 보게 된다. 또한 저절로 상세하고 조밀해지며 또 저절로 쉽고 간단해지니 이것은 짐작컨대 고금의 한 단서"인 것이다. 또 "하나의 향에 몇 개의 보인지 많고 적음에 개의치 않으니 왜 그런 것인가? 백성들의 거주에 따라 원(圓)의 사용을 법으로 규정하기 때문이다. 10갑에 1000호는 늘리거나 줄일 수 없으니 왜 그런 것인가? 수를 채울 것을 고려할 때 방(方)의 사용을 법으로 규정하기 때문"이라고 할 수 있다.

常熟陳梅曰, "《周禮》'五家爲比, 比有長. 五比爲閭, 閭有胥. 四閭爲族, 族有師. 五族爲黨, 黨有正. 五黨爲州, 州有長. 五州爲鄕, 鄕有大夫. 其間大小相維, 輕重相制, 網擧目張, 周詳細密, 無以加矣.' 而要之自上而下, 所治皆不過五人, 蓋於詳密之中, 而得易簡之意, 此周家一代良法美意也. 後世人才, 遠不如古. 乃欲以縣令一人之身, 坐理數萬戶口賦稅, 色目繁猥, 又倍於昔時. 雖欲不叢脞, 其可得乎." 愚故爲之說曰, "以縣治鄕, 以鄕治保, 以保治甲, 視所謂不過五人者而加倍焉, 亦自詳密, 亦自易簡, 此斟酌古今之一端也." 又曰, "一鄕幾保, 不妨多少, 何也? 因民居也, 法用圓. 十甲千户, 不得增損, 何也? 稽成數也, 法用方."

연속(掾屬)

왕연수의 《동백묘비》에 소개된 사람 이름에 대해 《고문원》의 주해를 보면 "연속(말단 관리)은 모두 그 군의 사람들이니 한나라 시대의 용인(用人)하는 법을 살필 수 있다"라고 되어 있다. 오늘날 한나라 시대의 비명을 살펴보면 모두 그렇기 때문에 이 묘만 독특한 것이 아니다. 대개 당시 군수(郡守)와 군상(郡相)만이 조정에서 임명했고 조(曹)와 연(掾) 이하의 하급 관리들은 본래 군의 사람이 아닌 경우가 없었다. 그러므로 한 지방의 인정을 알 수 있어서 이를 가지고 이익을 도모하고 폐해를 제거할 수 있었다. 황제가 쓰는 것은 군수와 군상까지인데, 후대에 최말단 관리들까지 모두 이부에서 선발한 것과는 달랐다. 그렇기 때문에 광한태수 진총이 대사농이 되어 입궐하자 한나라 화제가 군에 있으면서 어떻게 다스렸는지를 물었고 진총이 머리를 조아리고 사례하며 "신이 공조에 왕환을 임명해서 현자를 가려내고 유능한 자를 선발했으며, 주부에 담현을 임명해서 남는 것을 거두고 빠진 것을 보완했으니 저는 마땅히 황제의 명을 받들었을 뿐입니다"라고 아

되자 황제가 크게 기뻐했다. 여남태수 종자가 공조에 범방을 임명하고, 남양태수 성진이 공조에 잠질을 임명하니 두 사람의 명성과 업적이 경사에까지 알려지고 이름이 역사에 기록되었다. 그리고 포선이 예주목사가 되었는데 곽흠이 황제에게 "인재를 천거하고 내버리는 법이 지나치게 번잡하니 2000석짜리 서리로 대신해 주십시오"라고 상주했다. 이것으로 서리가 2000석짜리 직분임을 알 수 있고, 주의 목사가 이를 대신했지만 오히려 번잡하여 이부에 귀속해 통솔했음에도 일이 번잡해져서 날로 여유롭지 못했음이 분명하니 그 또한 변질된 것이다. 관리의 선발 방법이 지나친 자격을 내세웠기에 이속에 의한 통치로 인해 크게 무너졌다.

《古文苑》注, 王延壽《桐柏廟碑》人名, 謂"掾屬皆郡人, 可攷漢世用人之法." 今攷之漢碑皆然, 不獨此廟. 蓋其時惟守·相命於朝廷, 而自曹·掾以下, 無非本郡之人, 故能知一方之人情, 而爲之興利除害. 其辟用之者, 即出於守·相, 而不似後代之官, 一命以上, 皆由於吏部. 故廣漢太守陳寵入爲大司農, 和帝問在郡何以爲理, 寵頓首謝曰, "臣任功曹王渙, 以簡賢選能. 主簿鐔顯, 拾遺補闕, 臣奉宣詔書而已." 帝乃大悅. 至於汝南太守宗資任功曹范滂, 南陽太守成瑨委功曹岑晊, 並謠達京師, 名標史傳. 而鮑宣爲豫州牧, 郭欽奏其"擧錯煩苛, 代二千石署吏." 是知署吏乃二千石之職, 州牧代之, 尙爲煩苛, 後歸吏部而統之, 宜乎事煩而日不給, 又其變也. 銓注之法, 多立資格, 而吏治因之大壞矣.

법제(法制)

법제와 금령은 왕자(王者)도 폐지하지 못하는 바이니 통치를 위한 것이 아니기 때문이다. 법제와 금령의 근본은 사람의 마음을 바르게 하고 풍속을 도탑게 하는 데 있다. 그러므로 "항상 공경하는 자세에 머물고 행동을 간소하게 해서 백성을 대한다"고 했다. 주공이 지었다는 《상서》〈입정〉에는 "문왕께서는 (관리들이) 여러 가지 안건을 처리하는 일, 여러 가지 소송사건을 처리하는 일, 그리고 심문하는 일을 겸직하지 않도록 하셨다"라고 하고 또 "여러 가지 소송사건과 심문하는 일에 대해서 문왕께서 감히 알려고 하시지 않았다"라고 했으니 정말로 후대 사람들의 뜻이 지극하다고 말할 수 있다. 진시황이 다스릴 적에는 천하의 일이 크고 작은 것 없이 모두 위에서 결정됐는데, 위의 일이 돌을 재고 책을 엮는 데 이르렀고 밤낮의 일정이 있음에도 일정을 맞추지도 못하고 쉴 수도 없었으니 진나라가 마침내 망했던 것이다. 태사공(太史公)은 "옛날 천하의 법망은 일찍이 조밀했으나 백성들의 간교함과 거짓이 싹터서 극에 달했고 위아래가 서로 치고받아 구제할 수 없는 상황에 이르렀다"고 했다. 그렇기에 많은 법제와 금령은 멸망을 재촉하는 도구인데, 어리석고 어두운 군주는 오히려 이것도 진나라에 미치지 못한다고 간주한다. 두자미의 시에 "순임금이 16명의 재상을 천거하고 스스로 도를 높여 얼마나 고양시켰는가? 진나라 때 상앙을 임용하니 법과 명령이 소의 터럭처럼 조밀했다" 하고 또 "임금이 등잔불을 펼쳐 놓고 날아가는 나비로 하여금 꿀을 따러 오게 했구나"라고 했으니 근래 조정의 일과 딱 들어맞지 않는가? 한문제가 조서를 내려 삼로(三老)·효제(孝弟)·역전(力田)·상원(常員)을 설치하고 각각 그 뜻을 따르도록 명령하니 이것으로 백성을 인도했다. 삼로의 비천한 지위에 있는 자들에게도 그 뜻을 따르게끔 했다. 이것이 문제와 경제의 통치이니 풍속을 바꿔 백성들이 순후해지도록 했기에 이전 주나라 성왕과 강왕의 태평성대와 비견된다.

제갈공명은 진실한 마음을 열고 공도를 베풀었으니 위아래가 교류하고 사람들은 이의가 없었다. 작은 촉나라를 가지고 오히려 소강을 이루었다. 위나라의 조조와 오나라의 손권은 법술을 채택하여 그 신하를 제어했고 반역하여 왕위를 찬탈하고 서로 따르게 했으니 편안할 때가 거의 없었다. 천하의 일은 법으로 막을 수 있는 것이 아니다. 숙향과 자산이 쓴 글에서 "나라가 망하려면 반드시 제도를 많이 만든다"고 했다. 법제가 번잡해지면 교활한 무리들이 모두 법을 가지고 거래할 수 있으니 비록 현자가 있어도 저절로 법이 운영될 수 없다. 이것이 국사가 날로 그릇되는 까닭이다. 두원개의 《좌씨전》 해석 또한 잘 지적하듯이 "법이 행해지면 사람이 법을 따르고 법이 실패하면 법이 사람을 따른다"고 했다.

法制禁令, 王者之所不廢, 而非所以爲治也. 其本在正人心·厚風俗而已. 故曰, "居敬而行簡, 以臨其民." 周公作〈立政〉之書曰, "文王罔攸兼于庶言·庶獄·庶愼." 又曰, "庶獄·庶愼, 文王罔敢知于玆." 其丁寧後人之意, 可謂至矣. 秦始皇之治, 天下之事無大小皆決於上, 上至於衡石量書, 日夜有呈, 不中呈不得休息, 而秦遂以亡. 太史公曰, "昔天下之網嘗密矣, 然奸僞萌起, 其極也, 上下相遁, 至於不振." 然則法禁之多, 乃所以爲趣亡之具, 而愚闇之君, 猶以爲未至也. 杜子美詩曰, "舜擧十六相, 身尊道何高? 秦時任商鞅, 法令如牛毛." 又曰, "君看燈燭張, 轉使飛蛾密." 其切中近朝之事乎? 漢文帝詔置三老·孝弟·力田·常員, 令各率其意, 以道民焉. 夫三老之卑, 而使之得率其意. 此文景之治, 所以至於移風易俗, 黎民醇厚, 而上擬於成康之盛也. 諸葛孔明, 開誠心·布公道, 而上下之交, 人無間言. 以蕞爾之蜀, 猶得小康. 魏操 · 吴權, 任法術以御其臣, 而簒逆相仍, 略無寧歲. 天下之事, 固非法之所能防也. 叔向與子產書曰, "國將亡, 必多制." 夫法制繁, 則巧猾之徒皆得以法爲市, 而雖有賢者, 不能自用, 此國事之所以日非也. 善乎杜元凱之解《左氏》也曰, "法行則人從法, 法敗則法從人."

부자사(部刺史)

한무제가 자사(刺史)를 파견하여 군국을 두루 돌아다니며 다스려지는 상태를 자세하게 살피고, 능력 없는 자를 내쫓고 능력 있는 사람을 올려 쓰며, 죄 없이 억울하게 옥에 갇힌 일을 결단하여 다스리는 일을 다음과 같은 여섯 조목으로 처리했다.

1조. 세력이 강한 종족[强宗]과 향곡에 사는 세력이 강한 호족[豪右]이 소유한 밭과 집의 규모가 정해진 제도를 넘고, 세력이 강한 것을 이용하여 힘이 약한 자를 침범하며, 많이 가지고 있는 것을 이용하여 적게 가진 자에게 폭력을 휘두름. 2조. 주관(州官)이 조서를 받들지 않고 공적인 것을 등지며, 사적인 것에 기울어지고 아첨에 의지하여 오직 부정한 이익만을 꾀하며, 백성을 침탈하여 훔친 것을 모으고 간음함. 3조. 주관이 의심 가는 옥사를 구휼하지 않고 풍속을 사납게 하여 사람을 죽이며, 자신을 화나게 하면 형벌에 처하고 자신을 기쁘게 하면 상을 주며, 행정을 번거롭고 소란스럽게 하고 인정 없이 난폭하며, 백성들이 싫어하는 것을 행하고 산을 무너뜨려 돌을 흩어 놓으며, 요상한 일과 상서로운 일을 잘못 전함. 4조. 주관이 일할 사람의 선출을 불공평하게 하고 자신이 아끼는 것에는 재빠르게 아첨하며 현명한 사람을 막고 재주가 없고 무능한 사람을 총애함. 5조. 주관의 자제가 권세를 믿고 의지하며 감독기관에 청탁함. 6조. 주관이 공적인 업무를 위배하고 아랫사람들과 당파를 결성하며 향곡에 사는 호족들에게 아부하고 돈과 뇌물을 서로 나누고 정령을 훼손함.

본래 진나라 때부터 어사(御史)를 파견하여 모든 군현을 감독했다. 《사기》에 "진시황이 세상을 36군으로 나누고 각 군에 수위감(守尉監)을 설치했다"고 했으니 제후 제도를 없애고 수령 제도를 설치한 초기에 이미 이 제도를 설치했던 것이다. 한나라 성제 말기에 적방진과 하무는 "《춘추》의 뜻은 귀한 자를 등용하고 천박한 자들을 다스리는 것이니 비루한 자를 존경받는 자리에 임명하지 말아야 합니다. 자사는 하대부의 자리인데 2000석의 녹봉을 받는 관직에 임명했으니 관직의 경중이 서로 비슷하지 않습니다. 자사를 없애고 다시 주목(州牧)을 설치하여 2000석에 해당하는 녹봉을 주십시오"라고 했다. 그러나 주박은 한 왕실의 고사(故事)를 이용해 "한나라 때 자사부를 설치했는데 녹봉은 비루하지만 상은 후하게 주어 모두 공적을 내도록 격려해서 즐겁게 자사 일에 나가게 했습니다. 주목은 2000석을 녹봉으로 받지만 지위는 구경(九卿) 다음이었습니다. 구경이 부족한 것은 과거로 보완하고 중간 정도의 지위에 있는 자[中材]인 경우 스스로 알아서 일하도록 했을 뿐이니, 이렇게 되면 공들인 효과가 처음에는 성해지다가 나중에는 쇠퇴하고 나라 안팎의 난을 이길 수 없을까 두렵습니다"라고 주장했다. 이에 주목 제도는 없어지고 자사 제도를 다시 설치했다. 유소가 논하길 "자사가 법을 어긴 일을 감독하고 규찰하는 것은 단지 여섯 조목에 불과하고 수레에 의지하여 돌아다닐 곳은 고정된 진[定鎭]이 없으며 녹봉은 겨우 600석에 그치지만 능멸하고 침범하는 죄가 일어나지 않았습니다. 성제는 주목 제도를 고쳤는데 그 처음을 크게 시작했습니다. 이 두 가지 말을 합해서 살펴보건대 주목 제도의 설치는 중간 정도의 지위에 있는 자의 경우 겨우 자금을 돌려 스스로 온전하게 했고 강한 신하는 전권으로 토지를 분할함에 이르렀습니다. 그런 뒤에야 자사와 여섯 조목이 백대에 걸쳐 변하지 않는 좋은 법이고, 오늘날 감찰어사가 지방을 돌아다니며 살피고 조사하는 것이 옛날 사람들의 뜻이었음을 알았습니다"라고 했다.

漢武帝遣刺史·周行郡國, 省察治狀, 黜陟能否, 斷治寃獄, 以六條問事. 一條. 强宗·豪右田宅踰制, 以强陵弱, 以衆暴寡. 二條. 二千石不奉詔書, 倍公向私, 旁詔牟利, 侵漁百姓, 聚歛爲奸. 三條. 二千石不恤疑獄, 風厲殺人, 怒則任刑, 喜則任賞, 煩擾刻暴, 剥削黎元, 爲百姓所疾, 山崩石裂, 妖祥訛言. 四條. 二千石選署不平, 苟阿所愛, 蔽賢寵頑. 五條. 二千石子弟, 怙倚榮勢, 請託所監. 六條. 二千石違公下比, 阿附豪强, 通行貨賂, 割損政令.

本自秦時, 遣御史出監諸郡. 《史記》言, "秦始皇分天下, 以爲三十六郡, 郡置守尉監." 蓋罷侯置守之初, 而已設此制矣. 成帝末, 翟方進·何武乃言, "《春秋》之義, 用貴治賤, 不以卑臨尊. 刺史位下大夫, 而臨二千石, 輕重不相準. 請罷刺史, 更置州牧, 秩二千石." 而朱博以漢家故事, "置部刺史, 秩卑而賞厚, 咸勸功樂進. 州牧秩眞二千石, 位次九卿. 九卿缺以高第補, 其中材則苟自守而已, 恐功效陵夷, 奸軌不勝." 於是, 罷州牧, 復置刺史. 劉昭之論, "以爲刺史監糾非法, 不過六條, 傳車周流, 匪有定鎭, 秩裁六百, 未生陵犯之釁. 成帝改牧, 其萌始大. 合二者之言觀之, 則州牧之設, 中材僅循資自全, 强者至專權裂土. 然後知刺史·六條爲百代不易之良法, 而今之監察御史巡按地方, 爲得古人之意矣."

지현(知縣)

지현은 현령(縣令)이 아니고 그에게 현의 일을 알게 하는 것이다. 두우의 《통전》에서 이른바 검교 · 시섭 · 판지라고 부르는 관직이 이것이다. 당나라 사람들도 그 관직을 지인(知印)이라고 불렀는데 그 이름은 정원(貞元) 이후에 시작되었고 초기에는 오히려 권(權)이라는 글자가 하나 더 붙었다. 그런데 권지(權知)는 부정한 것의 대명사가 되었다. 진(晉)나라에 이르러 지현을 설치했고 송나라 초부터 이 제도를 확대했다. 《명조사실》에 "오대의 관리 임명에서 일반적으로 조(曹) · 연(掾) · 부(簿) · 위(尉)는 비루하고 무능한 자리가 되어 늙어 말 모는 일조차도 감당할 수 없는 자가 처음에 현령으로 갔다. 그러므로 천하의 읍솔(邑率)이 모두 다스려지지 못했고, 관리들이 백성들의 재물을 강제로 빼앗고 인정이 없어 삭막했으며 모든 일에 대해 함부로 소문을 내었으니 재주 있는 사람들이 영장(令長)을 농담거리로 삼아 비웃었다"고 했다. 건륭 3년 처음 조관(朝官)으로 지현을 삼았고 그 사이에 다시 경관(京官) 또는 지방장관의 속리[幕職]를 참가시켜 임용했다.

《송사》에는 "송나라 초기에 안팎으로 관직을 수여한 것은 대부분 본직(本職)이 아니었고 오직 차견(差遣)으로 자격과 경력을 쌓게 했다"고 했으며 또 "송나라 초기에 주와 군에는 대부분 관리가 없었고 현령이 더욱 어리석고 견해가 좁은 사람들을 선출하여 명망과 덕망 있는 청류(清流)들을 경시한 경우가 많았기에 매번 조화를 이룰 수 없었다. 그러므로 이부가 지방장관의 속리를 선출하여 지현을 맡기라고 조서를 내렸다"라고 했다. 이후 마침내 철폐를 명하여 지현을 없애고 그 이름만 오늘에 이르렀다.

知縣者, 非縣令, 而使之知縣中之事. 杜氏《通典》 所謂檢校 · 試攝 · 判知之官, 是也. 唐人亦謂之知印, 其名始於貞元已後, 其初尚帶一權字. 是權知者, 不正之名也. 至於晉設知縣, 則起自宋初. 《明朝事實》云, "五代任官, 凡曹 · 掾 · 簿 · 尉之齷齪無能, 以至昏老不任驅策者, 始注縣令. 故天下之邑率, 皆不治, 誅求刻剝, 猥迹萬狀, 至優諢之言, 多以令長爲笑." 建隆三年, 始以朝官爲知縣, 其間復參用京官, 或幕職爲之. 《宋史》言, "宋初, 內外所授官, 多非本職, 惟以差遣爲資曆." 又曰, "初, 州郡多闕官, 縣令選尤猥下, 多爲清流所鄙薄, 每不得調. 乃詔吏部選幕職官爲知縣." 自此以後, 遂罷令而設知縣, 沿其名至今.

지주(知州)

송나라 섭적은 "오대의 환란은 오직 번진(藩鎭) 때문이다. 우리 선조들이 천하를 편안하게 할 것을 생각할 때 절도사를 없애지 못하여 화가 끊이지 않았다"라고 했다. 이에 처음으로 통판(通判)을 설치하여 자사를 감찰했고 그 권력을 나누었다. 문신을 권지주사(權知州事)로 임명하여 만일 명성이 바르지 못한 자나 임명된 지가 오래되지 않은 자일 경우 그 권력을 가볍게 했다. 감당지각세·도감총병융·태수라는 것은 하릴없이 빈 성만을 관리하고 소송만 접수하는 직책일 뿐이다. 모든 진(鎭)들은 아무런 일도 하지 않고 노숙위(老宿衛)로 돌아가라는 명령만을 요청했다. 옛날 절도사의 피해가 거의 다 없어지고 사방 만 리 저 먼 곳에 있는 자까지 경성(京城)을 받들어 존중하고 문서가 아침에 모아져 저녁에 펼칠 것과 축소할 것을 제시했으니 이 완급이 모두 조정에 있었다. 송나라 초기에 본래 자사가 있었으나 따로 지주를 설치하여 그 권한을 대신하도록 했는데 후에 자사를 없애고 오직 지주만을 임용하여 임시 설치한 관직명으로 일상의 업무를 하게 했다.

宋葉適言, "五代之患, 專在藩鎭. 藝祖思靖天下, 以爲不削節度, 則其禍不息." 於是, 始置通判, 以監統刺史, 而分其柄. 命文臣權知州事, 使名若不正, 任若不久者, 以輕其權. 監當知権稅 · 都監總兵戎, 而太守者, 塊然徒管空城 · 受詞訴而已. 諸鎭皆束手請命, 歸老宿衛. 昔日, 節度之害盡去, 而四方萬里之遠, 奉尊京城, 文符朝下期會, 夕報伸縮, 緩急皆在朝廷矣. 是宋初本有刺史, 而別設知州以代其權, 後則罷刺史而專用知州, 以權設之名爲經常之任矣.

지부(知府)

당나라 제도에서 경도(京郡)는 곧 부(府)를 지칭한다. 송나라에 이르러 봉국[潛蕃]은 모두 부로 승격했다. 송나라 초기에 태종과 진종 모두 일찍이 개봉부윤을 지냈다. 후에 계승하는 자가 없어서 권지부 한 명을 두고 조서가 내려지기를 기다려서 충원했다. 숭녕 3년에 채경은 권지부를 철폐하고 목사와 부윤 각 한 명을 두어 목사는 황제의 자식으로, 부윤은 문신으로 충원하기를 간청했다. 이 권지부라는 것은 경윤(京尹)의 이름을 피한 것이다. 오늘날에는 직접 명령하여 지부로 임명했다고 하는데 틀린 말이다.

唐制, 京郡乃稱府. 至宋, 則潛藩之地, 皆升爲府. 宋初, 太宗·眞宗, 皆嘗爲開封府尹. 後無繼者, 乃設權知府一人, 以待制, 以上充. 崇寧三年, 蔡京乞罷權知府, 置牧尹各一員, 牧以皇子領, 尹以文臣充. 是權知府者, 所以避京尹之名也. 後則直命之爲知府, 非也.

정(亭)

진나라 제도는 10리마다 하나의 정(亭)을 두고 열 개의 정마다 하나의 향(鄕)을 두었다. 오늘날의 기준으로 헤아려보면 반드시 거처하는 숙소를 두어야 했는데 지금의 공공 관서와 같다. 정현의 《주례》 〈유인〉 주해에는 "오늘날 정에 방이 있는 것과 같다"라고 했다. 그렇기 때문에 패릉의 위지 이광이 정 아래에 묵었고, 장우가 평릉 비우정을 부로 조처할 것을 주청하자 황제가 장우에게 상을 주고 정을 다른 곳으로 옮겼다. 《한서》의 주해에 "정에는 두 명의 보졸을 두는데 한 명은 정부(亭父)로서 문을 열고 닫는 일과 청소를 관장했고 하나는 구도(求盜)로서 도적을 쫓아 체포하는 일을 관장했다"고 한 것이 이 말이다. 또 해자[城池]를 두어야 하는데 오늘날 마을에 있는 보(堡)와 같다. 《한비자》에는 "오기가 위나라의 서하태수가 되었다. 진나라의 작은 성채가 국경을 지키고 있었는데 오기가 성채를 공격하려고 군대를 일으켜 하루아침에 성을 빼앗았다"라고 했고 《한서》에는 "식부궁이 귀국하여 집이 없어서 임시로 구정(邱亭)에 기거했는데 간사한 자들이 식부궁이 부유하다고 간주해서 항상 밤에 감시했다"라고 했으며 《전한서》 〈흉노전〉에는 "가축을 들에 풀어놓고도 지키는 사람이 없는 것을 보고 의심하여 마침내 성을 공격했다"라고 했고 《후한서》 〈공손찬전〉에는 "느닷없이 선비족 기마병 수백 기와 만나게 되어 마침내 도망가 빈 성에 들어갔다"라고 한 것이 이 말이다. 또 반드시 백성들이 있는데 오늘날의 진에 모아 놓은 것과 같다. 한나라에서 봉읍을 받은 공신은 정후(亭侯)를 두었다는 것이 이 말이다.

또 하정(下亭)이라는 것은 《풍속통》에 "포선이 주목으로서 부에 갈 때 자주 정에 유숙했다"고 나오는데, 바로 이것이다. 도정(都亭)이라면 오늘날 관의 행랑채[關廂]와 같다. 사마상여는 임공에 가서 도정에 머물렀고, 엄연년의 모친은 도정에 머무르면서 부에 들어가고 싶어 하지 않았으며, 소하는 왕림경과 노비의 목을 함께 베고 더불어 건고(建鼓)를 벗겨내 도정 아래에 두었다. 《후한서》에는 "진왕 유총이 강력한 쇠뇌 수천 장을 갖추고 도정으로 군대를 출병시켰다", "회계태수 윤흥이 육속을 도정에 보내 백성들에게 죽을 내주었다", "주천군의 방아는 도정에서 원수를 칼로 베어 죽였다"라고 했고 《오지》에 "위나라 사신 형정은 손권을 배알하고 오왕이라고 하니 손권이 도정으로 나가 형정을 제후로 삼았다"고 한 것이 이 말이다. 경사에 도 도정을 두었는데《후한서》에 "장강이 낙양의 도정에 수레바퀴를 땅에 묻고 가지 않았다", "두무가 북군오교사를 소집해 도정에 주둔했다", "하진이 좌우 우림군과 오군영의 병사들을 거느리고 도정에 주둔했다", "왕교가 엽 땅의 현령이 되니 황제가 친히 건고를 취하여 도정 아래에 설치했다"고 한 것이 이 말이다. 채질의《한의》에는 "낙양에는 24개의 큰 길[街]이 있는데 길마다 하나의 정이 있으며 12개의 성문이 있는데 성문마다 하나의 정이 있어 사람들이 기정(旗亭)이라고 부른다" 했고《사기》〈삼대세표〉에서 저선생이 말하길 "방사 고공과 더불어 기정 아래에서 회합했다"라고 한 것이 이 말이다.

秦制, 十里一亭, 十亭一鄕. 以今度之, 蓋必有居舍, 如今之公署. 鄭康成《周禮》〈遺人〉註曰, "若今亭有室矣." 故霸陵尉止李廣宿亭下, 張禹奏請平陵肥牛亭部處, 上以賜禹, 徙亭它所. 而《漢書》註云, "亭有兩卒, 一爲亭父, 掌開閉掃除. 一爲求盜, 掌逐捕盜賊." 是也. 又必有城池, 如今之村堡. 《韓非子》"吳起爲魏西河守. 秦有小亭臨境, 起攻亭, 一朝而拔之."《漢書》"息夫躬歸國, 未有第宅, 寄居邱亭, 姦人以爲侯家富, 常夜守之."〈匈奴傳〉"見畜布野而無人牧者怪之, 乃攻亭."《後漢書》〈公孫瓚傳〉"卒逢鮮卑數百騎, 乃退入空亭." 是也. 又必有人民, 如今之鎭集, 漢封功臣有亭侯, 是也.

亦謂之下亭, 《風俗通》 "鮑宣州牧行部, 多宿下亭." 是也. 其都亭, 則如今之關廂. 司馬相如往臨邛, 舍都亭, 嚴延年母止都亭不肯入府, 何竝斬王林卿奴頭, 并所剝建鼓置都亭下. 《後漢書》 "陳王寵有彊弩數千張, 出軍都亭." "會稽太守尹興, 使陸續於都亭賦民饘粥." "酒泉龐娥刺殺讐人於都亭." 《吳志》 "魏使邢貞拜權爲吳王, 權出都亭候貞." 是也. 京師亦有都亭, 《後漢書》 "張綱埋其車輪於雒陽都亭." "竇武召會北軍五校士屯都亭." "何進率左右羽林五營士屯都亭." "王喬爲葉令, 帝迎取其鼓置都亭下." 是也. 蔡質 《漢儀》 "雒陽二十四街, 街一亭, 十二城門, 門一亭, 人謂之旗亭." 《史記》 〈三代世表〉 褚先生言, "與方士考功會旗亭下." 是也. 后代则但有邮亭 · 驿亭之名, 而失古者居民之義矣.

사(社)

사(社)라는 명칭은 예전 나라의 사당[國社]과 마을의 사당[里社]에서 유래한다. 그러므로 옛날 사람들은 향으로 사를 삼았다. 《대대례》에는 "천승의 나라가 천자로부터 명을 받으면 사방의 국경을 통하게 하고 그 서사(書社)에 있는 사람들에게 군사훈련을 했다"라고 했고, 《관자》에 "사방 6리를 사라고 한다"라고 한 것이 이 말이다. 《좌전》에는 "소공 25년 제나라 후작이 소공에게 말하길 거나라 경계로부터 서쪽으로 1000사(千社)의 땅을 바치기를 청합니다"라고 했는데, 주해에는 "25가를 하나의 사로 하니 1000사는 2만 5000가(家)다"라고 했고, 또 "애공 15년에는 제나라가 위나라에게 제수 서쪽으로부터 작, 미, 행의 남쪽 500서사를 주었다"라고 했다. 《안지》에는 "제나라 경공이 노나라 임금에게 땅을 주고자 했는데 산음 지역의 수백 사였다"라고 했고, 또 "경공이 안자에게 평음과 고읍을 녹으로 주었는데, 시장의 세금만도 11사나 되었다"라고 했으며, 또 "옛날 내 선왕인 환공께서 500서사를 관중에게 봉읍으로 주었는데 사양하고 받지 않았다"라고 했다. 《순자》에는 "(제환공이 관중에게) 서사 300을 주었지만 부유한 자들도 감히 거역하지 못했다"라고 했다. 《전국책》에는 진나라 왕이 공자 타를 사신으로 보내 조나라 왕에게 말하길 "귀국은 제나라가 옳지 못하다고 여겨 우리나라에 통고했습니다. 그래서 우리는 2사의 땅을 귀국에게 주었던 것입니다"라고 했다. 《상군서》에는 "탕왕과 무왕의 전쟁에서 진지를 굳게 지킨 사족들은 향리의 서사를 받았다"라고 했다. 《여씨춘추》에는 "무왕이 은나라에 승리한 후 여러 대부가 상으로 서사를 받았다"라고 했고, 또 "위공자 계방이 서사 40개를 가지고 위나라에 항복했다"라고 했으며, 또 "월나라 왕이 청하기를 예전 오나라 땅인 음강 포구의 서사 300을 묵자에게 봉읍으로 주겠다"라고 했으니, 오늘날의 하남 · 태원 · 청주의 향과 진은 오히려 사로 불렸다.

옛날 봄과 가을에 제사 지낼 적에는 향의 사람들이 다 모였다. 《삼국지》 주해에 "장제가 태위가 되어 일찍이 환범과 함께 사당 아래에서 회합했다"라고 한 것이 이 말이다. 《한서》 〈오행지〉에는 "연주자사 호상은 백성들이 사사로이 사당 세우는 것을 금지했다. 신하 설찬은 '옛 제도에서는 25가를 하나의 사로 삼았지만 백성들은 10가 또는

5가로도 전사(田社)를 함께 만들었으니 이것이 사사로운 사당입니다'"라고 했고 《수서》 〈예의지〉에는 "일반 백성 25가를 하나의 사로 삼고 그 예전 사와 사람이 적은 곳은 (사를 만드는 데) 한계를 두지 않았다. 후대 사람들이 무리를 모아 회(會)를 결성하니 이 또한 사라고 부른다"라고 했다. 만력 말기에 선비들이 서로 모여 글공부하면서 각각 명호(名號)를 만드니 또한 '무슨무슨 사'라고 했다. 숭정 연간에 육문승이 상주를 올려 장부 등이 사를 다시 세우는 한 가지 일을 비방한 적이 있었는데, 황제의 뜻을 받들어 감찰하자 그 일이 있었던 곳의 관리들이 수없이 벌을 받았다. 《송사》 〈설안전〉에는 "요주 지역의 호족인 이갑은 식객 수십 명과 결사를 맺고 몰명사(沒命社)라고 불렀다"라고 했고 〈회공전〉에는 "장구의 백성들이 촌락들 사이에서 무리를 모아 패왕사(霸王社)라고 불렀다"라고 했으며 〈석공필전〉에는 "양주의 무리들이 불민을 품고 여리에서 제멋대로 굴면서 망명사(亡命社)라고 불렀다"라고 했다. 수나라 말기에는 초군의 도적들 중 흑사(黑社)와 백사(白社)라는 이름을 가진 것도 있었다. 《원사》 〈태정제기〉에는 "굶주린 백성들이 편을 맺고 사를 책임지는 것을 금지하고 사람을 상하게 하는 자는 곤장 100대로 처리했다"고 했는데 후대의 선비들이 어떻게 이렇게 이름 짓는 것을 몰랐다는 말인가? 천계 이후로 선비의 자제들이 명함을 써서 주고받았으니 사(社)라는 글자는 오히려 일반적인 것이 되어 버렸으며, 맹(盟)이라고도 하고 사맹(社盟)이라고도 한다. 이것이 《요사》에서 말하는 자혈우(刺血友)다.

社之名, 起於古之國社·里社, 故古人以鄕爲社. 《大戴禮》 "千乘之國, 受命於天子, 通其四疆, 教其書社." 《管子》 "方六里, 名之曰社." 是也. 《左傳》 昭公 二十五年, 齊侯唁公曰, "自莒疆以西, 請致千社." 註, "二十五家爲社, 千社二萬五千家." 哀公十五年, "齊與衛地, 自濟以西·禚·媚·杏以南書社五百." 《晏子》 "景公予魯君地, 山陰数百社." 又曰, "景公祿晏子, 以平陰與槀邑, 反市者十一社." 又曰, "昔吾先君桓公, 以書社五百封管仲, 不辭而受." 《荀子》 "與之書社三百, 而富人莫之敢距." 《戰國策》 秦王使公子他謂趙王曰, "大國不義, 以告敝邑, 而賜之二社之地." 《商子》 "湯武之戰, 士卒坐陳者, 里有書社." 《呂氏春秋》 "武王勝殷, 諸大夫賞以書社." 又曰, "衛公子啟方以書社四十下衛." 又曰, "越王請以故吳之地, 陰江之浦, 書社三百, 以封墨子." 今河南·太原·青州鄕鎭, 猶以社爲稱. 古者, 春秋祭社, 一鄕之人, 無不會集. 《三國志》 注, "蔣濟爲太尉, 嘗與桓範會社下." 是也. 《漢書》 〈五行志〉 "兗州刺史浩賞禁民私所自立社. 臣瓚曰, '舊制二十五家爲一社, 而民或十家 · 五家共爲田社, 是私社.'" 《隋書》 〈禮儀志〉 "百姓二十五家爲一社, 其舊社及人稀者不限. 後人聚徒結會, 亦謂之社." 萬曆末, 士人相會課文, 各立名號, 亦曰'某社 · 某社.' 崇禎中, 有陸文升奏訐張溥等復社一事, 至奉旨察勘, 在事之官, 多被降罰. 《宋史》 〈薛顔傳〉 "耀州豪姓李甲結客數十人, 號没命社." 〈會鞏傳〉 "章丘民聚黨村落間, 號霸王社." 〈石公弼傳〉 "揚州羣不逞爲俠於閭里, 號亡命社." 而隋末譙郡賊有黑社 · 白社之名. 《元史》 〈泰定帝紀〉 "禁饑民結扁擔社, 傷人者杖一百." 不知後之士人何取而名此也? 天啟以後, 士子書刺往來, 社字猶以爲汎, 而曰盟, 曰社盟. 此《遼史》之所謂刺血友也.

3. 사회 · 경제에 관해

주·현의 부세(州縣賦稅)

왕사성의 《광지역》에는 "천하의 부세에서 토지의 비옥하고 척박한 차이가 심하지 않은데도 세금 징수의 차이가 결국 현격해진 것은 국초에 서둘렀어야 했는데 단일한 제도로 획정하지 못하고 이후 선례를 따라 감히 논의하지 못했기 때문이다. 예를 들어 진정의 5주 27현 분할과 소주의 1주 7현 분할은 분할하는 이유를 논의하지도 않고 면적으로 따졌다. 진정이 소주의 다섯 배에 해당하지만 소주의 곡물 산출은 203만 8000석이고 진정은 10만 6000석에 머무르니 오히려 남북이 다르다. 같은 북방 지역이라도 하간은 부유하고 인구가 많은 2주 6현이고, 등주는 가난하며 인구가 적은 1주 7현인데 서로가 거리를 두고 위협하는 모양이 서까래와 기둥 같다. 또 하간의 곡물 산출은 6만 1000석에 그치는데 등주는 23만 6000석이니 오히려 직례와 산동이 다르다. 같은 성내의 경우라도 한중 2주 14현의 험준함[殷庶]은 임조 2주 3현의 사통팔달의 요지와 관청의 사무가 많은 지방들[衝疲]을 보면 쉽게 알 수 있다. 한중의 곡물 산출은 3만 석에 그치는데 임조는 4만 4000석에 이르니 오히려 각 도가 다르다. 같은 도내라고 하더라도 순경은 보령보다 크지 않은데 2주 8현으로 분할해서 균일하다. 또 순경의 곡물 산출은 7만 5000석인데 보령은 2만 석에 불과하니 오히려 두 군이 다르다. 같은 읍에 있더라도 서남 지역에 할당된 몫은 똑같아서 부곽(負郭) 10리까지의 밭은 보(步)로 계산하니 부세는 토지로부터 나왔다. 20리 밖에 있는 밭은 환(緪)으로 양을 계산하고 보로 하지 않았다. 50리 밖에 있는 밭은 약(約)으로 계산하고 환으로 하지 않았다. 관의 부세는 정해진 수량이 없고 사사로운 판매 또한 정해진 것이 없으니 얼마나 차이가 크겠는가! 태평한 날이 오래되고 세대를 거듭해 서로 전해지면서 백성들 모두 이를 편안하게 여겨 본래부터 잘못된 것임을 자각하지 못한다. 왕자는 읍을 만들어 백성을 거처하게 하는 것인데 완성된 부세를 무너뜨렸지만 어찌 대소와 경중의 차이가 이토록 심한 것인가!

또 주와 현을 분할한 바로 말하자면, 진정은 32개 주현, 서안은 36개 주현, 개봉과 평양은 각 34개 주현, 제남은 30개 주현, 성도는 31개 주현, 그리고 송강, 진강, 태평은 3개 주현에 그치며 한양과 흥화는 2개 주현에 그친다. 직례 주의 경우 서주와 택주는 4개 현, 침주는 5개 현, 가정은 6개

현, 동천은 7개 현인데 엄연히 말하자면 하나의 부(府)다. 그 작은 것은 현으로 분할할 수 없는 것도 있다. 또한 명나라 초기의 제도는 대부분 원나라의 구제를 답습했다. 평양 한 곳만 9개의 주를 함께 거느렸는데 거의 산서의 절반을 차지한다. 홍무 2년에 이르러 비로소 택주, 노주, 요주, 심주 4개의 주와 직례행성과 산서행성으로 나누었는데 오늘날은 오히려 5개의 주로 되어 있다. 포주와 같이 예전부터 별도의 일개 군이었던 것들은 누차 건의하여 모두가 부로 승격했다. 귀덕 한 주는 줄곧 개봉에 속했는데 가정 24년에 이르러 비로소 분할하여 부로 만들었으니, 천하가 처음 정해질 때 하루도 여유로운 적이 없어 원나라의 잘못을 그대로 따랐던 일이 마침내 200~300년에 이르렀다"고 했다. 그렇기에 후대의 왕자는 형세를 살펴서 통합과 분할의 제도를 만들고 몰려든 사람을 헤아려서 군현의 경계로 삼았으며, 토지와 밭을 측량해서 소세 징수를 시작해 마침내 균등해졌다. 천하에 가장 시급한 일은 시작의 어려움을 생각해서 만년의 이익을 없애 버리면 안 되는 것이다.

王士性《廣志繹》曰, "天下賦稅, 有土地肥瘠不甚相遠, 而徵科乃至懸絶者. 當是國初草草, 未定畫一之制, 而其後相沿不敢議耳. 如眞定之轄五州二十七縣, 蘇州之轄一州七縣, 無論所轄, 即其廣輪之數, 眞定已當蘇之五, 而蘇州糧二百三萬八千石, 眞定止一十萬六千石. 然猶南北異也. 若同一北方也, 河間之繁富, 二州十六縣. 登州之貧寡, 一州七縣, 相去殆若莛楹. 而河間糧止六萬一千, 登州乃二十三萬六千, 然猶直隷·山東異也. 若在同省, 漢中二州十四縣之殷庶, 視臨洮二州三縣之衝疲, 易知也. 而漢中糧止三萬, 臨洮乃四萬四千, 然猶各道異也. 若在同道, 順慶不大於保寧, 其轄二州八縣, 均也. 而順慶糧七萬五千, 保寧止二萬, 然猶兩郡異也. 若在一邑, 則同一西南充也, 而負郭十里, 田以步計, 賦以田起. 二十里外, 則田以絙量, 不步矣. 五十里外, 田以約計, 不絙矣. 官賦無定數, 私價亦無定估, 何其懸絶也! 惟是太平日久, 累世相傳, 民皆安之, 以爲固然, 不自覺耳. 夫王者制邑居民, 則壤成賦, 豈有大小輕重不同, 若此之甚哉!

且以所轄州縣言之, 眞定三十二, 西安三十六, 開封·平陽各三十四, 濟南三十, 成都三十一, 而松江·鎭江·太平止三縣, 漢陽·興化止二縣. 其直隷之州, 則如徐州·澤州之四縣, 郴州之五縣, 嘉定之六縣, 潼川之七縣, 儼然一府也. 而其小者, 或至於無縣可轄. 且明初之制, 多因元舊. 平陽一路, 共領九州, 殆據山西之半. 至洪武二年, 始以澤·潞·遼·沁四州, 直隷山西行省, 而今尚有五州. 若蒲州, 自古別爲一郡, 屢此建言, 皆爲户部所格. 歸德一州, 向屬開封, 至嘉靖二十四年始分爲府, 天下初定, 日不暇給, 沿元之非, 遂至二三百年." 然則後之王者, 審形勢以制統轄, 度輻員以界郡縣, 則土田以起徵科乃平. 天下之先務, 不可以慮始之艱, 而廢萬年之利者矣.

토지 다루는 방법(治地)

옛날 선왕의 토지 다루는 방법은 토지를 버리지도 않고 소진하지도 않았다. 밭 사이로 난 길은 큰 도로[九軌]인데도 길이 남아돌았고, 산림과 하천을 구분하지 않아도 가을철 맑은 물이 많이 머무를 수 있었기에 물이 남아돌았다. 그렇기 때문에 공은 세우기 쉬워도 무너뜨리기 어려웠고 한 해의 계획은 부족해도 한 세대의 계획은 여유가 있었다. 후대 사람들은 한결같이 절박한 마음으로 이를 행했으니 상앙이 논밭 사이로 길을 열어 중원의 강역을 깨끗하게 정리했다. 송나라 정화 이후로 호수를 둘러싸고 강을 차지하더니 동남쪽으로 흐르는 물의 이로움 또한 막혀 버렸다. 이로부터 10년 사이에 망친 것이 6~7년이니 그 얻은 바를 비교하자면 도리어 전대의 사람들에 미치지 못한다. 공자가 말하기를 "빨리 성과를 보려 하지 말고 작은 이익을 추구하지 말라"고 했다.

古先王之治地也, 無棄地, 而亦不盡地. 田間之涂九軌, 有餘道矣. 遺山澤之分, 秋水多得有所休息, 有餘水矣. 是以功易立而難壞, 年計不足而世計有餘. 後之人, 一以急迫之心爲之, 商鞅決裂阡陌, 而中原之疆理蕩然. 宋政和以後, 圍湖占江, 而東南之水利亦塞. 於是十年之中, 荒恒六七, 而較其所得, 反不及於前人. 子曰, "無欲速, 無見小利."

두 · 곡 · 장 · 척(斗斛丈尺)

옛날 제왕의 저울질은 천하의 경우 5년마다 돌아다니며 살펴서 똑같이 바로잡았으니 《상서》〈우서〉의 "율과 도량형을 똑같이 했다"는 것이 이 말이다. 나라 안의 경우 매년 다시 바로잡으니 《예기》〈월령〉의 "낮과 밤이 같은 춘분이 되면 도량을 같도록 하고 저울눈과 근수를 고르게 하고 말[斗]과 휘[甬]를 서로 비교해서 바로잡으며 저울추와 평미레를 바르게 한다"는 것이 이 말이다. 그렇기 때문에 "석(石)으로 재는 물건을 통용케 하고 고르게 해서" 우임금은 하나라를 일으켰고 "신중하게 저울질하고 법도를 살폈기"에 무왕은 주나라를 만들었다. 오늘날 북방의 도량은 향마다 다르고 읍마다 같지 않으니 5두(斗)를 가지고 1두로 삼는 곳이 있고 똑같이 외치는 거래에도 두 가지 두를 병행한다. 토지에 이르면 240보를 1무(畝)로 삼는 곳이 있고 360보를 1무로 삼는 곳이 있으며 720보를 1무로 삼는 곳이 있다. 보궁(步弓)은 5척으로 1보를 삼는 것이 있고 6척, 7척, 8척으로 1보를 삼는 것도 있으니 이런 일을 "기술자들이 표준을 지키지 않는다"고 하는 것이다. 법이 한결같지 않으면 백성들에게서 교묘함이 생긴다. 왕자가 나타나면 저울질을 같게 하고 경계를 바로잡는 데 먼저 힘 쓴다. 《후한서》에는 "건무 15년 주와 군에 개간한 전답의 면적과 호구 · 연한을 간단명료하게 정리하라고 조서를 내렸는데, 하남 수령인 장급과 여러 군수 10여 명이 제자리에 앉아서 부실하게 전답을 측정했기에 이들을 하옥시켜 죽였다"라고 했다. 그리고 《수서》에는 "조현통이 기주자사가 되어 구리 말[銅斗]을 만들고 철자[鐵尺]를 만들어 공방에 설치했더니 백성들이 편리해했다. 황제가 이를 듣고 천하에 상법(常法)으로 삼아 반포하도록 명령했다"라고 했으니 혹시 오늘날에도 시행할 수 있는 것인가?

古帝王之於權量, 其於天下, 則五歲巡狩而一正之, 〈虞書〉 "同律度量衡." 是也. 其於國中, 則每歲而再正之, 《禮記》 〈月令〉 "日夜分, 則同度量 · 鈞衡石 · 角斗甬 · 正權概." 是也. 故"關石和鈞." 大禹以之興夏, "謹權量, 審法度." 而武王以之造周. 今北方之量, 鄉異而邑不同. 至有以五斗爲一斗者, 一闤之市, 兩斗並行. 至其土地, 有以二百四十步爲畝者, 有以三百六十步爲畝者, 有以七百二十步爲畝者. 其步弓有以五尺爲步, 有以六尺 · 七尺 · 八尺爲步. 此之謂"工不信度"者也. 夫法不一則民巧生. 有王者起, 同權量而正經界, 其先務矣. 《後漢書》 "建武十五年詔下州郡, 簡覈墾田頃畝及户口·年紀. 河南尹張伋及諸郡守十餘人, 坐度田不實下獄死." 而《隋書》"趙賢通爲冀州刺史, 爲銅斗鐵尺, 置之於肆, 百姓便之. 上聞, 令頒之天下以爲常法." 儻亦可行於今日者乎?

토지 면적의 크고 작음(地畝大小)

외성[郭] 가까운 곳으로 상급 토지[上地]를 삼고 멀리 있을수록 중급 토지[中地]와 하급 토지[下地]로 삼는다. 대개 금나라와 원나라 말엽부터 성읍이 황폐해지고 인구가 적어졌기에 먼저 경작한 것은 외성 가까운 곳[近郭]이었으니 근곽은 홍무제의 책전(冊田)이다. 그다음에 개간한 것은 먼 교외[遠郊]였으니 원교는 후대에 새롭게 설치된 조세 대상[新科]이다. 그러므로 경중이 다르다. 《광평부지》에는 "토지에는 대소를 구분한 것이 있으니 240보로 1무를 삼는데 예전부터 바꾼 적이 없었다. 명나라 초기에 '개간하라는 성지를 받든 것, 영원히 조세를 부과하지 말라는 것'이 있었고, 오염되어 소금기가 많거나 척박해서 산출되는 양이 없는 것을 따져 오늘날 전부 산출량으로 토지의 수를 작성했다. 이로 인해 원래 (《황책(黃冊)》에 적힌) 액수로 값을 매긴 토지는 적어졌고 길이로 재서 값을 매긴 토지는 도리어 많아졌다. 유사(有司)는 토지의 수가 늘어나거나 많아지는 것을 두려워하여 황제를 혼동시키고 백성에게 피해를 끼쳤다. 마침내 큰 토지[大畝]로 작은 토지

[小畝]를 포괄하여 원래 (《황책》에 적힌) 액수로 취합해 버렸다. 이로부터 위에 보고[造報]할 때는 큰 토지를 사용해서 《황책》에 맞췄고 아래로 거둬들인 세금을 돌려줄 때[徵派]는 작은 토지를 사용해서 평균을 취했다. 그렇기 때문에 각 현의 큰 토지는 작은 토지 1무 8분을 1무로 환산했고 심지어는 8무 이상을 1무로 환산하는 지경에 이르렀으니 이미 그 토지 가격의 높고 낮음에 따라 차등을 삼았던 것이다. 또 하나의 현에서는 길이로 재서 값을 매긴 토지를 모두 합하고, 하나의 현에서는 원래 (《황책》에 적힌) 액수대로 값을 매긴 토지로 맞추어서 하나의 현의 온갖 세금을 결정했으니 부역은 이에 근거해서 나왔다. 이것은 후대 사람들의 일시적인 조치였을 뿐이다"라고 했다.

다른 군을 살펴보자면, 예를 들어 하남은 8부인데 회경군의 토지가 유독 작은데도 세금 액수는 유독 많다. 개봉은 34개 주현인데 기(杞) 지역의 토지가 유독 작은데도 세금 액수는 유독 많다. 원나라 말엽 이래로 허물어지고 깨진 것이 심하지 않았기 때문에 다른 군의 읍보다 유독 많다. 천하가 처음 안정되었을 때 하루도 여유가 없고 전답의 측량과 균일한 단위법이 상세하지 못했기에 중원의 토지가 가시와 초목만이 무성한데도 면적도 살피지 않고 계산했던 것이다. 당나라 육지가 "제도를 만든 초기에는 가지런하고 공평하게 하는 데 힘쓰지 못했다. 대응 방식에도 번잡하고 간소한 차이가 있고 목사와 수령도 유능 여부의 차이가 있었으니 요역과 조세에서도 서로 경중의 차이가 있었다. 사신을 파견하는 데도 의견이 각기 달랐다. 계획과 상주가 한 번 정해져도 더할 것만 있고 없앨 것은 없었다. 이렇게 되면서 폐단에 이르렀다"고 했다. 예전부터 오늘날까지 변한 것이 없으며 정전으로 나눈 토지는 균등하지 못하고 세금도 공평하지 않은 것이 꼭 300년이 되었다. 그러므로《동창부지》에는 "2주 15현은 보와 척이 균일하지 못하고 크고 작은 토지의 구획이 일정하지 않았다. 사람들은 길고 짧은 것과 그 사이의 넓고 좁은 것을 자기 뜻대로 했다"라고 했고《대명부지》에도 "토지의 부세는 균일해지고 난 뒤에야 오래갈 수 있는데 모래와 띠로 덮인 토지를 별도의 장부 외로 남겨두고 주현의 장과 이속들에게만 똑같이 구획해서 측정하라고 격문을 보내 부탁했다. 1초(鈔)의 길이로 1척(尺)의 기준을 삼고, 1척으로 1보(步)의 기준을 삼았으며, 1보로 1무(畝)의 기준을 삼고, 1무로 1부(賦)의 기준을 삼아 강남의《어린책(魚鱗冊)》형식을 본떠 순서에 따라 편집했다. 과거 각기 다른 액수로

등록된 것은 모두 없애 버렸다. 남은 것을 한데 묶어 여러 주현 사이에 고르게 펼쳐 모두 양세(糧稅)·마초(馬草)·역전(驛傳)·균요(均徭)·이갑(里甲) 등을 순서대로 나열해 놓고 보았다. 수백 리 사이의 풍토와 사람의 차이에도 똑같은 조목으로 똑같이 적용했다"라고 했다. 그렇게 하면 길이를 균일하게 하는 논의를 알게 되는데 이전 사람들이 이미 일찍이 밝혔기에 오늘날 천하에도 통할 수 있는 것이다.

以近郭爲上地, 遠之爲中地·下地. 蓋自金·元之末, 城邑丘墟, 人民稀少, 先耕者近郭, 近郭, 洪武之冊田也. 後墾者遠郊, 遠郊, 繼代之新科也. 故重輕殊也. 《廣平府志》曰, "地有大小之分者, 以二百四十步爲畝, 自古以來未之有改也. 由國初有'奉旨開墾·永不起科'者, 有因洿下鹻薄而無糧者, 今一概量出作數, 是以元額地少, 而丈出之地反多. 有司恐畝數增多, 取駭於上, 而貽害於民, 乃以大畝該小畝, 取合元額之數. 自是上行造報, 則用大地以投《黃冊》, 下行徵派, 則用小畝以取均平. 是以各縣大地有以小地一畝八分折一畝, 遞增之至八畝以上折一畝, 既因其地之高下而爲之差等, 又皆合一縣之丈地, 投一縣之元額, 以敷一縣之糧科, 而賦役由之以出, 此後人一時之權宜爾."

考之他郡, 如河南八府, 而懷慶地獨小·糧獨重. 開封三十四州縣, 而杞地獨小·糧獨重. 蓋由元末未甚殘破, 故獨重於他郡邑. 天下初定, 日不暇給, 度田之令 · 均丈之法, 有所不及詳, 而中原之地, 彌望荆榛, 亦無從按畝而圖之也. 唐陸贄有言, "創制之始, 不務齊平. 供應有煩簡之殊, 牧守有能否之異. 所在徭賦, 輕重相懸. 所遣使臣, 意見各異. 計奏一定, 有加無除. 此則致敝之端." 古今一轍, 而井地不均 · 賦稅不平, 固三百年於此矣. 故《東昌府志》言, "二州十五縣步尺參差, 大小畝規畫不一. 人得以意長短 · 廣狹其間." 而《大名府志》謂, "田賦必均而後可久, 除沙茅之地別籍外, 請檄諸州 · 縣長吏畫一而度之. 以鈔准尺, 以尺准步, 以步准畝, 以畝准賦, 倣江南《魚鱗冊》式而編次之. 舊所籍不齊之額悉罷去. 而括其見存者, 均攤於諸州縣之間, 一切糧稅 · 馬草 · 驛傳 · 均徭 · 里甲之類, 率例視之. 以差數百里之間, 風土人烟, 同條共貫矣." 則知均丈之議, 前人已嘗著之, 而今可通於天下者也.

주 · 현의 경계(州縣界域)

옛날부터 강역을 획정하고 읍을 분할하는 일은 반드시 전례에 따랐는데 천하가 모두 그랬다. 후세에 들어오면서 주와 현[州縣]은 향촌을 거느렸는데 멀리는 300~400리를 다스리는 것이 있고 성문 밖, 곧 인근이 되는 것이 있었으니 넓이를 고치지 않을 수 없었다. 하규는 위북에 있는데도 위남에 병합되었고, 미원은 북산에 있는데도 부평에 병합되었으니 모두 이런 종류의 것으로 마땅히 다시 설치해야 한다. 그리고 큰 이름을 가진 현은 부와 7리 거리이니 성(省)으로 원래 성(城)을 편입할 수 있으면 크고 작음이 균일하지 않을 수 없다. 관할하는 지역이 너무 떨어지고 먼 것이 많은데 예를 들어 남궁과 위현 사이에 신하현 땅이 있고, 청하와 위현 사이에 관현의 땅이 있다. 운성과 범현 사이에 추현 땅이 있고, 청주의 익도 등은 모두 고원 땅에 있다. 회안의 숙천현은 개봉의 상부현 땅을 가지고 있고, 대동의 영구와 광창 두 현 중간에 순천의 완평현 땅이 있다. 이 모든 곳은 간혹 현과의 거리가 100~200리가 되거나 서너 개 주현을 막고 있어서 죄를 저지른 자들이 꼬이고 도망자들을 유인하니 항상 요역을 부여하는 것이 마땅하다. 그리고 심한 경우, 예를 들어 심구현은 현의 관아와 토지세가 여양에 부속된 곳이 있으니 서로 교착되어 있는 상황을 바로잡지 않을 수 없다. 위(衛)는 군대가 주둔하는 곳으로 300~400리 밖에 두는데 주둔지가 백성들의 토지와 교착되어 서로 경계를 침범한 지 오래되었고 그 경계를 기록한 장부를 잃어버렸으니 군과 백성은 이를 공정하게 하지 않을 수 없다. 물가의 토지는 사라지거나 커지는 일이 똑같지 않다. 예컨대 포주의 서문 밖 3리는 곧 조읍의 담을 보충하는 곳인데 섬서 사람들이 황하를 넘어와 화전을 일구자 서로 싸워 죽이고 다치는 일이 있으니 이런 경우 변란이 오지 않을 수 없다. 《주례》〈형방씨〉에 "나라의 토지 크기를 관장하고 제도를 만들어서 국가의 경계를 바르게 하여 교착의 땅이 없도록 한다"고 했다. 왕자가 나타나서 의견사(宜遣使)에게 군과 읍을 나누어 살피도록 이르고 지형을 그림으로 그려 산천에 제사 지내고 경계를 바로잡았으며 토지와 읍에 백성들을 거처하게 했는데 반드시 서로 이득이 되는지를 고려했으니 많은 송사가 없어지고 풍속이 순화되었다.

自古以來, 畫疆分邑, 必相比附, 天下皆然. 後世則州縣所屬鄉村, 有去治三四百里者, 有城門之外即爲鄰屬者, 則幅員不可不更也. 下邽在渭北, 而併於渭南, 美原在北山, 而併於富平, 若此之類, 俱宜復設. 而大名縣距府七里, 可以省入元城, 則大小不可不均也. 管轄之地, 多有隔越, 如南宮威縣之間, 有新河縣地, 清河威縣之間, 有冠縣地. 鄆城范縣之間, 有鄒縣地, 青州之益都等俱, 有高苑地. 淮安之宿遷縣, 有開封之祥符縣地, 大同之靈丘廣昌二縣中間, 有順天之宛平縣地. 或距縣一二百里, 或隔三四州縣, 藪奸誨逋, 恒必繇之. 而甚則有如沈丘之縣署·地糧, 乃隷於汝陽者, 則錯互不可不正也. 衛所之屯, 有在三四百里之外, 與民地相錯浸, 久而迷其版籍, 則軍民不可不清也. 水濱之地, 消長不常. 如蒲州之西門外三里, 即以補朝邑之坍, 使陝西之人, 越河而佃, 至於爭鬭殺傷, 則事變不可不通也. 《周禮》〈形方氏〉"掌制邦國之地域, 而正其封疆, 無有華離之地." 有王者作, 謂宜遣使分按郡邑, 圖寫地形, 奠以山川, 正以經界, 地邑民居, 必參相得, 庶乎獄訟衰而風俗淳矣.

길쌈과 베 짜기의 이로움(紡織之利)

오늘날 변방에 있는 군의 백성들은 밭을 가는 법도 모르고 베를 짜는 법도 모른다. 비록 재료와 힘이 있어도 편안히 놀고먹으며 나태하다. 화음현의 왕굉이 의견을 편찬하여 밝혔는데 "연안 한 부는 베와 비단값이 서안보다 몇 배 비싼데도 방직의 이득을 얻지 않으면서 또 해마다 베를 사는 비용이 든다고 하니 생계는 날로 척박해지고 나라의 조세는 날로 체납되고 있다. 백성들의 나태함이 끝까지 가지 않았는데도 이런 것은 가르치지 않는다. 오늘날 주와 현마다 방직 도구 일부를 갖추기 시작하면서 유사에게 영을 내려 방법에 의거해 만들도록 하고 마을마다 나누어 주며 외부의 군에서 방직할 수 있는 자를 모집해서 선생으로 삼는다. 곧 백성의 근면함과 나태함, 능숙함과 서투름으로 유사의 고과를 삼는다. 이렇게 하면 1~2년 사이에 백성들은 그 이익을 누리고 장차 스스로 할 것이니 규정과 감독을 번거롭게 하지 않아도 된다"라고 했다.

연안 한 부를 계산해 보자면 4만 5000여 호이고 집집마다 여자 세 명은 있을 것으로 계산하면 이미 13만여 명이어서 그 만들어지는 이익이 아주 많지 않겠는가? 《염철론》을 살펴보면 "변방의 백성들은 뽕나무나 삼을 심는 것도 이익이 되지 않아 중국의 옷감을 공급받은 후에야 옷을 입을 수 있다. 여름에도 솜옷을 벗지 못하고 겨울에는 토굴을 떠나지 못하면서 부자와 부부가 모두 조그마한 한 칸짜리 토실에 갇혀 지내고 있다"라고 했다. 최식의 《정론》에는 "제가 예전 오원태수로 있을 때 향토의 풍속은 실을 자아 길쌈할 줄 몰랐습니다. 겨울에는 풀을 쌓아 놓고 그 가운데로 기어들어 가 누웠습니다. 관리를 보면 풀로 동여매고 나오니 명령하는 자의 코가 매캐했습니다. 제가 마침내 저축해 놓은 것을 팔아 20여만 근을 가지고 응문관과 광무성에 나가 방직사를 맞이하여 정교한 손재주로 기계를 만들게 했으니 마침내 길쌈으로 백성들에게 베 짜는 것을 가르쳤습니다"라고 했다. 이것이 곧 옛사람들이 행했던 것이다. 《한지》에 이르길 "겨울에 백성들이 이미 집에 들어가고 부인들이 같은 집에서 서로 본받아서 밤을 새워 길쌈을 하니 여인들에게 한 달 일하는 것은 45일인 셈이다"라고 했고 "8월에 길쌈하여 공자(公子)의 치마를 만드네"라고 했으니 빈(豳) 지역의 오래된 풍속이다. 이를 따라 행한다면 부강의 효과가 나타나고 인심이 두터워지니 크게 교화되기가 어찌 어렵겠는가!

今邊郡之民, 既不知耕, 又不知織. 雖有材力, 而安於游惰. 華陰王宏撰著議, "以爲延安一府, 布帛之價貴於西安數倍, 既不獲紡織之利, 而又歲有買布之費, 生計日蹙, 國稅日逋, 非盡其民之惰, 以無教之者耳. 今當每州縣發紡織之具一副, 令有司依式造成, 散給里下, 募外郡能織者爲師. 即以民之勤惰工拙, 爲有司之殿最. 一二年間, 民享其利, 將自爲之, 而不煩程督矣."

計延安一府, 四萬五千餘户, 户不下三女子, 固已十三萬餘人, 其爲利益, 豈不甚多? 按《鹽鐵論》曰, "邊民無桑麻之利, 仰中國絲絮而後衣之. 夏不釋複, 冬不離窟, 父子夫婦, 内藏於專室土圜之中." 崔寔《政論》曰, "僕前爲五原太守, 土俗不知緝績, 冬積草伏臥其中. 若見吏以草纏身, 令人酸鼻. 吾乃賣儲峙得二十餘萬, 詣雁門·廣武迎織師, 使巧手作機, 乃紡以教民織." 是則古人有行之者矣. 《漢志》有云, "冬, 民既入, 婦人同巷相從夜績, 女工一月得四十五日." "八月載績, 爲公子裳." 豳之舊俗也. 率而行之, 富強之效, 惇龐之化, 豈難致哉!

말 사육을 장려하는 정령(馬政)

"백성들이 들로 나가 옷 벗고 일하고 더위가 물러나 기뻐하며 날이 추워지면 방으로 들어갔다"라고 한 것은 선왕이 백성을 다루었던 방식이고, "춘분에는 목장으로 나가게 하고 추분에는 마구간으로 들어오게 한다"라고 한 것은 선왕이 구마(廐馬)를 다루었던 방식이다. 한나라 조조가 "백성들 중 수레와 말 한 필을 가진 자는 세 사람 몫을 갚는 것으로 영을 내리십시오"라고 하자 문제가 이를 따랐다. 그러므로 문제와 경제 시대의 부유함은 "일반 백성들은 큰길이나 골목길 어디에서나 말을 키우고 들판에서는 무리로 사육했다. 암말을 탄 사람들은 기마행렬에 낄 수가 없었고", "국가에서 변경 지역을 개척할 때 교도라는 사람은 말이 1000필에 이르렀으며", "반일이 누번족의 땅으로 피신했는데 말과 소와 양이 수천 무리에 이르렀다"고 할 정도이니 곧 민간에서 말 사육이 번성했음을 알 수 있다.

한무제가 윤대현에서 이전 일을 후회하여 마복령(馬復令)을 고쳤다. 당나라 현종 개원 9년에 조서를 내려 천하에 말 가진 자는 주현 모두에서 우편과 행군의 사역에 먼저 쓰도록 했고, 정호(定戶)는 그것에 의거하여 세금을 냈다. 백성들이 고통을 두려워하여 대부분 말을 기르지 않았기 때문에 말 타고 활 쏘는 무사가 예전보다 줄어들었다. 그래서 "지금부터 모든 주의 백성은 숨겨 기르는지 여부에 관계없이 집집마다 열 마리 이하의 말을 기를 수 있고 역마와 군마 징발을 면제하며 정호는 말로 대신 납부하지 않아도 된다"고 했으니, 옛 군주들은 백성들이 말을 기르도록 하기 위해 이렇게 했다. 오직 위나라 세종 정시 4년 11월 정미일에 하남에서 암말 기르는 것을 금지했을 뿐이다.

원나라 세조 지원 23년 6월 무신일에 모든 노마(路馬)를 포함해서 "색목인들 중 말을 갖고 있는 사람은 3분의 2를 납부하고 한족은 모두 관청에 납입해야 하며 감히 숨기거나 서로 거래하는 것은 처벌된다"고 했다. 《영락실록》에는 영락 원년 7월 병술일에 황제가 병부대신에게 훈유[諭]를 내려 "민간의 말값이 폭등했다고 종종 듣는데 백성들이 사사롭게 기를 수 없도록 금지했기 때문이다. 한나라 문제와 경제 시대에 마을마다 말을 가지고 있어서 무리를 이루었으니 백성들이 가진 것은 곧 국가가 가진 것이었다. 천하에 나의 가르침을 알려 군대와 백성이 말을 기르는 것을 권유하고 금지하지 말라"고 하고 또 "3~5년 후에는 말이 점차 늘어날 것을 바라노라"라고 했다. 이것은 원나라 사람들이 말 기르는 것을 금지했던 일을 그대로 따랐던 뒤의 일이기 때문에 이런 유지가 있었던 것이다. 홍희 원년 정월 신사일에 황제가 병부에 훈유를 펼쳐 민간에서 관용 말을 기르는 자는 2년에 말 한 필을 바치도록 하고 이에 더해 여력이 있으면 사사롭게 말을 기를 수 있도록 영을 내렸다. 선덕 6년에 이르러 섬서 안정위의 지역민인 왕종의가 말을 사육하여 번식시켰는데 자주 와서 바쳤다. 이렇게 작게 시작해서 작은 효과를 가져왔으나 한나라와 당나라의 마복령을 고치는 데는 미치지 못했다.

"析因夷隩." 先王之所以處人民也. "日中而出, 日中而入." 先王之所以處廐馬也. 漢鼂錯言, "令民有車騎馬一匹者, 復卒三人." 文帝從之. 故文景之富, "衆庶街巷有馬, 仟伯之間成羣. 乘牸牝者, 擯而不得會聚." "若乃塞之斥也, 橋桃致馬千匹." "班壹避墜於樓煩, 致馬牛羊數千羣." 則民間之馬, 其盛可知.

武帝輪臺之悔, 乃修馬復令. 唐玄宗開元九年詔, 天下之有馬者, 州縣皆先以郵遞·軍旅之役, 定户復緣以升之. 百姓畏苦, 乃多不畜馬, 故騎射之士, 減曩時. "自今諸州民, 勿限有無蔭, 能家畜十馬以下, 免帖驛郵遞征行, 定户, 無以馬爲貲." 古之人君, 其欲民之有馬如此.

惟魏世宗正始四年十一月丁未, 禁河南畜牝馬. 元世祖至元二十三年六月戊申, 括諸路馬, "凡色目人有馬者, 三取其二, 漢民悉入官, 敢匿與互市者, 罪之." 《實錄》言, 永樂元年七月丙戌, 上諭兵部臣曰, "比聞民間馬價騰貴, 蓋禁民不得私畜故也. 漢文景時, 閭里有馬成羣, 民有即國家之有. 其榜諭天下, 聽軍民畜馬勿禁." 又曰, "三五年後, 庶幾馬漸蕃息." 此承元人禁馬之後, 故有此諭. 而洪熙元年正月辛巳, 上申諭兵部, 令民間畜官馬者, 二歲納駒一匹, 俾得以餘力養私馬. 至宣德六年, 有陝西安定衛土民王從義畜馬蕃息, 數以來獻. 此則小爲之而小效者也, 然未及修漢·唐復馬之令也.

역전(驛傳)

《후당서》〈여복지〉에는 "역마는 30리마다 한 마리씩 두었다"라고 했다. 《사기》에 "전횡이 전에서 말을 타고 낙양에 인사하러 가니 30리 못 미쳐서 시향의 마구간을 설치한 곳에 이르렀다"고 했는데 이 말이다. 당나라의 제도도 그랬는데 백거이의 시에 "섬서를 따라 동경에 이르니 산의 낮은 길은 점점 평탄해지는구나. 풍광 400리에 수레와 말이 열세 번 보이는구나"라고 했는데 이 말이다. 그 가는 길이 혹 하루에 열 개의 역참을 지나치기도 하는데, 잠삼의 시에 "한 역 한 역 지나니 역마가 유성처럼 빠르구나. 해 돋을 무렵 함양을 출발하여 해 저물 무렵 농산 머리에 왔구나"라고 했고, 한유의 시에도 "산동 무란사(撫亂師)로 명을 받고 하루 300리를 달려도 저절로 지체하기 싫어지는구나"라고 했는데 이 말이다. 또 천보 14년 11월 병인일에 안녹산이 범양에서 반란을 일으켰다. 임신일에 행재소에서 이 소식을 들었다. 이때 황제는 화청궁에 머물렀는데 6일 만에 도달했다. 지덕 2년 9월 계묘일에 광평왕이 서경을 접수했다. 갑신일에 승전 보고서가 행재소에 도착

했다. 이때 황제는 봉상부에 머물렀는데 하루 만에 도달했다. 당나라 제도에서 사면을 내리는 조서에는 "하루 500리를 행군해도 또한 열 개 역참으로 끝나지 않았다. 옛사람들은 역참을 많이 설치했기 때문에 행군이 빠른데도 말이 피로하지 않았다. 그런데 후대 사람들은 비용 절약을 이유로 점차 역참을 합쳐 버렸다. 70~80리에 한 개의 역참이 있는데, 역에 이르자 말이 쓰러지고 관리는 도망가 버렸다. 이 일을 맡으면서 어찌 한 번이라도 이전 역사를 고찰하지 않았는가?"라고 했다.

《後唐》〈輿服志〉曰, "驛馬三十里一置." 《史記》 "田橫乘傳詣洛陽, 未至三十里, 至尸鄉廐置." 是也. 唐制亦然, 白居易詩, "從陝至東京, 山低路漸平. 風光四百里, 車馬十三程." 是也. 其行或一日而馳十驛, 岑參詩, "一驛過一驛, 驛騎如星流. 平明發咸陽, 暮及隴山頭." 韓愈詩, "銜命山東撫亂師, 日馳三百自嫌遲." 是也. 又如天寶十四載十一月丙寅, 安祿山反於范陽. 壬申, 聞於行在所, 時上在華清宮, 六日而達. 至德二載九月癸卯, 廣平王收西京. 甲辰, 捷書至行在, 時上在鳳翔府, 一日而達. 而唐制, 赦書, "日行五百里, 則又不止於十驛也. 古人以置驛之多, 故行速而馬不弊. 後人以節費之說, 歷次裁併, 至有七八十里而一驛者, 馬倒官逃. 職此之故, 盍一考之前史乎?"

4. 풍속(風俗)에 관해

조손(祖孫)

아버지로부터 위에 계신 분을 모두 조상[祖]이라고 한다. 《상서》〈미자지명〉에는 "그대의 조상인 큰 공을 이루신 탕임금"이라고 했는데 이 말이다. 아들로부터 그 아래인 자들을 모두 자손[孫]이라고 말한다. 《시》〈비궁〉에는 "후직의 자손이 바로 태왕"이라고 했고 또 "주공의 자손이요 장공의 아들"이라고 했는데 이 말이다.

自父而上之皆曰祖. 《書》〈微子之命〉曰, 乃祖成湯, 是也. 自子而下之皆曰孫. 《詩》〈閟宮〉之篇曰, "后稷之孫, 實維太王." 又曰, "周公之孫, 莊公之子," 是也.

고조(高祖)

한나라의 유자들은 증조의 아버지를 고조라고 했는데, 《전》에서 (전하는 말을) 살펴보면 고조라는 것은 먼 조상의 명칭일 뿐이다. 《좌전》에는 소공 17년 담나라 자작이 조공하러 와서 "우리 선조이신 소호지께서 임금 자리에 오르니"라고 했으니 시조를 고조로 삼았던 것이다. 《상서》〈반경〉에는 "오늘날 상제께서 장차 우리 선조의 덕을 회복시켜 우리 집안을 다스려 주었다" 했고 〈강왕지고〉에는 "육군을 크게 유지해서 우리 고조의 얻기 힘든 천명을 무너뜨리지 마십시오"라고 했는데, 천명을 받은 군주를 고조로 삼았던 것이다. 《좌전》에는 소공 15년 천자가 적담에게 "너의 고조 손백염이 진나라의 전적을 담당했다" 라고 했으니 9세(九世)가 고조임을 말한다.

漢儒以曾祖之父爲高祖, 考之於《傳》, 高祖者, 遠祖之名爾. 《左傳》 昭公十七年, 郯子來朝曰, "我高祖少皞摯之立也." 則以始祖爲高祖. 《書》 〈盤庚〉 "肆上帝將復我高祖之德, 亂越我家." 〈康王之誥〉 "張皇六師, 無壞我高祖寡命." 則以受命之君爲高祖. 《左傳》 昭公十五年, 王謂籍談曰, "昔而高祖孫伯黶, 司晉之典籍." 則謂其九世爲高祖.

주나라 말기 풍속(周末風俗)

《춘추》는 경왕 39년 경신년에 서쪽에서 기린을 잡는 것으로 끝난다. 또 경왕 14년은 진정왕 원년 계유년이 되는데, 이때 노나라 애공이 쫓겨나 2년 뒤에 유산씨 집에서 죽었으니 《좌전》은 이것으로 끝난다. 또 경왕 65년은 위열왕 23년 무인년인데 처음으로 진나라 대부 위사(魏斯) · 조적(趙籍) · 한건(韓虔)을 제후로 삼았다. 또 경왕 17년은 안왕 16년 을미년인데 처음으로 제나라 대부 전화(田和)를 제후로 삼았다. 또 경왕 52년은 현왕 35년 정해년인데 6국이 차례로 스스로를 왕(王)이라 불렀고 소진이 종장(從長)이 되었다. 그 뒤부터 비로소 일이 다스려졌다. 《좌전》이 끝난 때부터 이때에 이르기까지 무릇 130여 년이다. 역사서와 문헌들은 없어지거나 흩어져 버려 옛일을 상고하는 것이 아득해졌다. 예컨대 춘추시대에는 오히려 예를 존중하고 신뢰를 중요하게 여겼는데 전국시대에는 이런 것이 끊겨 예와 신뢰를 말하지 않았다. 춘추시대에는 오히려 주나라를 종주로 삼았는데 전국시대에는 이것이 끊겨 왕을 말하지 않았다. 춘추시대에는 오히려 제사를 엄격하게 시행했고 빙례와 향례를 중요시했는데 전국시대에는 그 일이 없어졌다. 춘추시대에는 오히려 종성(宗姓)과 씨족(氏族)을 논했는데 전국시대에는 한마디 말도 없었다. 춘추시대에는 오히려 연회와 부시(賦詩)가 있었는데 전국시대에는 그런 것들이 들리지 않았다. 춘추시대에는 오히려 부고(赴告)와 책서(策書)가 있었는데 전국시대에는 존재하지 않았다. 국가 간의 정해진 외교가 없었고 땅에는 정해진 주인이 없었다. 이 모든 것이 133년 사이에 변한 것이다. 역사를 기록한 문헌이 없어지고 난 뒤 사람들이 그 뜻으로 유추하여 알 수 있었던 사실은 진시황이 천하를 병합하는 일을 기다리지 않았어도 문왕과 무왕의 도가 이미 다했다는 것이다. 서한(西漢)에 이르기까지 이 풍속은 고쳐지지 않았다. 대개 춘추시대부터 동한 시대에 이르기까지 풍속이 조금씩 옛것으로 돌아왔다. 나는 이러한 이유로 광무제 · 명제 · 장제 시대가 과연 제나라가 한 번 변하여 노나라가 된 공적[功]을 이루었음을 알았으나 그 도가 순일하지 못했던 일을 안타깝게 생각한다. 이 시대부터 그 이후를 말한다면 송나라 경력 연간과 원우 연간 사이가 그 정도 된다. 아, 세상을 논하면서 그 풍속을 살피지 않으니 군주의 공적을 밝히지 못했구나!

우리들이 주나라 말기의 풍속을 배척하고 동한 시대로 나간 이유가 또한《춘추》의 뜻이로구나.

《春秋》終於敬王三十九年庚申之歲, 西狩獲麟. 又十四年, 爲貞定王元年癸酉之歲, 魯哀公出奔, 二年卒於有山氏,《左傳》以是終焉. 又六十五年, 威烈王二十三年戊寅之歲, 初命晉大夫魏斯·趙籍·韓虔爲諸侯. 又一十七年, 安王十六年乙未之歲, 初命齊大夫田和爲諸侯. 又五十二年, 顯王三十五年丁亥之歲, 六國以次稱王, 蘇秦爲從長. 自此之後, 事乃可得而紀. 自《左傳》之終, 以至此, 凡一百三十三年. 史文闕軼, 攷古者爲之茫昧. 如春秋時猶尊禮重信, 而七國則絶不言禮與信矣. 春秋時猶宗周王, 而七國則絶不言王矣. 春秋時猶嚴祭祀·重聘享, 而七國則無其事矣. 春秋時猶論宗姓氏族, 而七國則無一言及之矣. 春秋時猶宴會賦詩, 而七國則不聞矣. 春秋時猶有赴告·策書, 而七國則無有矣. 邦無定交, 士無定主, 此皆變於一百三十三年之間. 史之闕文, 而後人可以意推者也, 不待始皇之并天下, 而文武之道盡矣. 馴至西漢此風未改. 蓋自春秋之後至東京, 而其風俗稍復乎古. 吾是以, 知光武·明·章, 果有變齊至魯之功, 而惜其未純乎道也. 自斯以降, 則宋慶曆·元祐之間爲優矣. 嗟乎, 論世而不攷其風俗, 無以明人主之功! 余之所以斥周末而進東京, 亦《春秋》之意也.

전한 · 후한의 풍속(兩漢風俗)

한나라는 무제가 6경(六經)을 드러내어 밝힌 뒤로 비록 큰 스승[師儒]이 많았으나 대의를 밝히지는 못했기 때문에 왕망이 섭정을 하자 그의 덕을 노래하고 그를 위한 문서를 바치는 자가 천하에 가득했다. 광무제 때는 귀감되는 일이 있었으니 절의(節義)를 존숭하고 명분과 실질을 권면하며, 경서에 밝고 행동이 다스려진 사람이 아니면 등용하는 경우가 없었기 때문이다. 그래서 풍속이 한 번 변했다. 말기에 이르러 조정의 정치가 혼탁해지고 나랏일이 날로 그릇되며 당파들과 독단적으로 행동하는 무뢰배들이 인(仁)을 사칭하고 의(義)를 밟고 황제의 명령을 버리고 고치려고 하지 않으니 바람과 비는 어두운 밤과 같고 닭 소리는 그치지 않았다. 삼대 이후로 풍속의 아름다움이 동한 시대보다 더한 것이 없었다. 그러므로 범엽의 주장을 생각해 보건대 "환제와 영제 사이에 군주의 도는 사악해지고 편파적이 되었으며 조정의 기강은 날로 약해졌고 국가의 틈이 자주 드러났다. 중간 정도의 지략을 가진 자도 국가 붕괴의 조짐을 살필 수 있었지만 권력이 강한 신하들이 기회를 엿보고 몰래 훔쳐 가려고 하는 모략을 중지시켜야 했는데 그러지 못했고 호걸과 재주 있는 자들은 고작 향리와 재야에 있는 유생들의 의론에 굴복해 버렸다. 기울어졌어도 무너지지 않고 결정했어도 성내지 않는 것은 모두 어진 사람과 군자의 마음이 힘쓰는 것이다"라고 했으니 범엽도 말을 아는 사람[知言者]이라고 할 수 있다. 동소가 태화 연간에 상소를 올려 "이미 말씀드렸듯이 요즘 젊은이들은 학문으로 근본을 삼지 않고 오로지 교류만으로 업을 삼고 있습니다. 나라의 선비들은 효제(孝悌)로 자신을 깨끗하게 다스리는 일을 최우선으로 삼지 않고 세력이 있는 자 또는 권력이 있는 곳에 뛰어들어 이익을 구하는 것을 최우선으로 합니다. 정시 연간 즈음에 한두 명의 허황되고 망령되며 방탕한 무리가 그 지식을 인용하여 거듭 나쁜 행동으로 넓히고 주공과 공자의 책을 멸시하며 노자와 장자의 가르침을 학습했으니 풍속이 또 한 번 변했습니다. 경술(經術)의 다스림과 절의를 지키는 것으로 광무제 · 명제 · 장제 등이 여러 세대를 통해 이루어 놓은 것이 있는데도 부족합니다. 일의 흐름을 방해하고 일상의 것을 없애는 풍속을 조조[孟德] 한 사람이 바꾸었어도 여전히 해야 할 일이 남아 있습니다. 후대의 군주가 앞으로 건전한 풍속[風聲]을 수립하고 모든 제도의 기준을 국가의 일로 펼쳐 풍속을 선하게 하며 사람을 만들어 내고자 한다면 여기서 살피지 않을 수 없습니다"라고 했다.

옛날 동한 시대에 인재들의 뜻이 크고 기개가 있는 것은 서한 시대에 미치지 못하지만 선비들의 풍속과 가법은 전대보다 나은 것이 있는 듯싶다. 동한 시대 말엽에 절의가 쇠퇴했으나 문장은 번성했는데 채옹부터 시작한다. 당시에는 문장으로 부귀영화를 얻었고 교류가 많았다. 그러므로 후대 사람들은 아름다운 이야기[佳傳]를 지었다. "아, 사군자(士君子)는 쇠퇴하는 조정에 처하여 항상 한 시대의 명예를 짊어지고 천하의 풍속과 기세[風氣]를 옮기는 자이니 간교한 자[伯喈]의 사람됨을 보고 경계해야 할 것이구나!"

漢自孝武表章六經之後, 師儒雖盛, 而大義未明, 故新莽居攝, 頌德獻符者, 徧於天下. 光武有鑒於此, 故尊崇節義, 敦厲名實, 所擧用者, 莫非經明行脩之人, 而風俗爲之一變. 至其末造, 朝政昏濁, 國事日非, 而黨錮之流, 獨行之輩, 依仁蹈義, 舍命不渝, 風雨如晦, 雞鳴不已. 三代以下, 風俗之美, 無尙於東京者. 故范曄之論, "以爲桓·靈之間, 君道秕僻, 朝綱日陵, 國隙屢啟. 自中智以下, 靡不審其崩離, 而權强之臣, 息其闚盜之謀, 豪俊之夫屈於鄙生之議. 所以傾而未顚,決而未潰, 皆仁人君子心力之爲." 可謂知言者矣. 故董昭太和之疏, "已謂當今年少, 不復以學問爲本, 專更以交游爲業. 國士不以孝悌清脩爲首, 乃以趨勢求利爲先. 至正始之際, 而一二浮誕之徒, 騁其智識, 蔑周 · 孔之書, 習老 · 莊之教, 風俗又爲之一變. 夫以經術之治 · 節義之防, 光武 · 明 · 章, 數世爲之而未足. 毁方敗常之俗, 孟德一人變之而有餘. 後之人君, 將樹之風聲, 納之軌物, 以善俗而作人, 不可不察乎此矣."

東漢之世, 雖人才之倜, 儻不及西京, 而士風家法, 似有過於前代. 東京之末, 節義衰而文章盛自蔡邕. 以其文采富而交游多, 故後人爲立佳傳. "嗟乎, 士君子處衰季之朝, 常以負一世之名, 而轉移天下之風氣者, 視伯喈之爲人, 其戒之哉!"

정시(正始)

위나라 명제가 죽고 소제가 즉위하여 연호를 정시(正始)로 고쳤다. 연호를 고친 지 약 9년이 지나고 10년에 이르렀을 때 태부인 사마의가 대장군 조상을 죽이자 위나라의 대권이 이동했다. 삼국정립으로부터 이에 이르기까지 30년 동안 한때 명사와 풍류가 낙하(雒下) 지역에서 번성했으나 그들은 경전을 버리고 오히려 노자와 장자를 숭상했으며, 예법을 멸시하고 예법에 구애받지 않음을 숭상했으며 자기 군주의 위기를 마치 일반 사람들의 위기와 같은 것으로 보았다. 정현과 왕숙은 한나라의 마지막을 집대성했고 노장사상을 해설했다. 왕필과 하안공은 진나라의 시작을 열어 위로는 나라를 망쳤고 아래로는 타락을 가르쳤으며 전쟁은 매일 일어났으며 임금과 신하가 자주 바뀌었으니 이것이 유림의 모든 현자들의 허물이 아니면 누구의 허물이겠는가?

나라가 망하는 것[亡國]이 있고 천하가 망하는 것[亡天下]이 있다. 망국과 망천하를 어떻게 구분하는가? 말하자면 "나라의 주인을 바꾸고 연호를 바꾸는 것이 망국이다.

인의가 막히면 짐승을 몰아 사람을 잡아먹게 하고 끝내 사람들이 서로 잡아먹게 되니 이를 망천하라고 한다." 위나라와 진나라 사람들의 고상한 이야기들이 어찌하여 천하를 망쳤는가?《맹자》의 이른바 양주와 묵자의 학설이라는 것은 천하에 부모도 없고 군주도 없게 하여 짐승의 세계로 들어가게 한다고 했다. 정시 이래로 대의가 천하에 두루 밝혀지지 못했다. 예를 들어 산도(山濤) 같은 자가 이미 사특한 학설의 괴수가 되어 혜소(嵇紹)와 같은 현명한 자를 부리며 또 천하의 바르지 못한 일을 저지르며 돌아보지 않는 것과 같다. 대체로 사설(邪說)과 정설(正說)은 양립할 수 없다. 이런 이유로 천하를 보존하는 것[保天下]을 안 뒤에야 그 나라를 보존하는 것[保國]을 안다. 나라의 보존은 군주와 신하, 그리고 귀족들이 도모하는 것이지만, 천하의 보존에는 필부와 같이 비천한 자들도 더불어 책임이 있다.

魏明帝殂, 少帝即位, 改元正始. 凡九年, 其十年, 則太傅司馬懿, 殺大將軍曹爽, 而魏之大權移矣. 三國鼎立, 至此垂三十年, 一時名士風流, 盛於雒下. 乃其棄經典, 而尚老·莊, 蔑禮法而崇放達, 視其主之顛危. 鄭·王爲集漢之終, 演說老·莊. 王·何爲開晉之始, 以至國亡於上, 教淪於下, 干戈日争, 君臣屢易, 非林下諸賢之咎, 而誰咎哉?

有亡國, 有亡天下. 亡國與亡天下奚辨? 曰, "易姓改號, 謂之亡國. 仁義充塞, 而至於率獸食人, 人將相食, 謂之亡天下." 魏晉人之清談, 何以亡天下? 是《孟子》所謂楊·墨之言, 至於使天下無父無君, 而入於禽獸者也. 自正始以來, 而大義之不明偏于天下. 如山濤者, 旣爲邪說之魁, 遂使嵇紹之賢, 且犯天下之不題而不顧. 夫邪正之說不容兩立. 是故知保天下, 然后知保其國. 保國者, 其君其臣, 肉食者謀之, 保天下者, 匹夫之賤, 與有責焉耳矣.

5. 경학(經學)에 관해

세 가지 《역》(三易)

공자는 "복희씨가 처음으로 팔괘를 그렸다"라고 했지, "복희씨가 《역》을 저술했다"고 하지 않았다. 그리고 공자는 "《역》이 생긴 일이 그리 오래되지 않은 옛날인가?"라고 했고 또 "《역》이 생긴 일은 은나라 말기와 주나라의 덕이 흥성할 때 해당하는가? 문왕과 주왕의 일에 해당하는가?"라고 물었다. 이것은 문왕이 지은 말이 처음으로 《역》으로 명명되었음을 말하며, 주나라 관원인 태복이 삼역(三易)의 법을 관장했음을 말한다. 삼역들 중 하나를 《연산(連山)》이라 하고 다른 하나를 《귀장(歸藏)》이라 하며 나머지 하나를 《주역(周易)》이라고 한다. 《연산》과 《귀장》이 역이 아닌데도 삼역이라고 말하는 이유는 후대 사람들이 《역》의 이름에 의거해서 명명했기 때문이다. 비슷하게 《묵자》에 "주나라의 춘추, 연나라의 춘추, 송나라의 춘추, 제나라의 춘추"라고 쓰여 있는데, 주나라 · 연나라 · 제나라 · 송나라의 역사책 이름이 모두 《춘추》가 아닌데도 춘추라고 한 이유는 노나라 역사책의 이름에 의거해서 그렇게 명명했기 때문이다. 《좌전》에는 노나라 희공 15년에

"한(韓) 지역에서 전투가 있었을 때, 복도보가 점을 치고 나서 점괘가 길합니다. 점을 쳐서 나온 괘는 고(蠱)괘입니다. 고괘는 천승의 국가가 세 번이나 물러나니, 세 번 물러나고 난 뒤에 웅호(雄狐)를 잡을 수 있다는 뜻입니다"라고 했다. 또 노나라 성공 16년에 "언릉 지역에서 전투가 있었을 때, 성공이 점을 치게 하자 태사는 점괘가 길합니다. 점을 쳐서 나온 괘는 복(復)괘입니다. 복괘는 남국이 위축될 것이다. 그 왕에게 활을 쏘니, 그 왕의 눈에 화살이 꽂힌다는 뜻입니다"라고 했다. 이것들은 모두 《주역》이라는 말을 사용하지 않고 따로 인용하여 근거로 삼는 말을 갖고 있으니 이른바 삼역의 법[三易之法]이며, 이런 이유로 공자는 《전(傳)》에서 복희씨가 《역》을 만들었다고 하지 않았다.

夫子言, "伏羲氏始畫八卦." 不言, "作《易》." 而曰, "《易》之興也, 其於中古乎?" 又曰, "《易》之興也, 其當殷之末世, 周之盛德邪? 當文王與紂之事邪?" 是文王所作之辭, 始名爲《易》, 而周官大卜掌三易之法. 一曰《連山》, 二曰《歸藏》, 三曰《周易》, 《連山》·《歸藏》, 非易也而云三易者, 後人因 《易》之名以名之也. 猶之《墨子》書言, "周之春秋·燕之春秋·宋之春秋·齊之春秋." 周·燕·齊·宋之史, 非必皆《春秋》也而云春秋者, 因魯史之名以名之也. 《左傳》 僖十五年, "戰於韓, 卜徒父筮之曰, 吉. 其卦遇蠱. 曰, 千乘三去, 三去之餘獲其雄狐." 成十六年, "戰於鄢陵, 公筮之, 史曰吉. 其卦遇復, 曰, 南國蹙. 射其元王, 中厥目." 此皆不用《周易》而別有引據之辭, 即所謂三易之法也, 而《傳》不言《易》.

주자의 《주역본의》(朱子周易本義)

《주역》은 복희씨가 괘를 그린 이후에 문왕이 단사(彖辭)를 짓고 주공이 효사(爻辭)를 지었다. 이 모두를 경(經)이라고 한다. 경은 상·하 두 편으로 나뉜다. 공자가 〈십익(十翼)〉을 저술했는데 이를 전(傳)이라고 한다. 전은 10편으로 나뉘는데, 〈단전(彖傳)〉 상·하 두 편, 〈상전(象傳)〉 상·하 두 편, 〈계사전(繫辭傳)〉 상·하 두 편, 〈문언전(文言傳)〉, 〈설괘전(說卦傳)〉, 〈서괘전(序卦傳)〉, 〈잡괘전(雜卦傳)〉 각 한 편씩이다. 한나라 이래로 비직·정현·왕필이 어지럽혔기에 공자의 말을 모아서 마침내 괘효(卦爻)의 아래에 항목들을 붙였다. 정이천이 지은 《역전》은 이에 의거했고 주자의 《본의》에 이르러 비로소 고문에 의거했다. 그러므로 《주역》 상경조 아래 "중간에 여러 유학자들이 《주역》을 어지럽혔다"고 했던 것이다. 오래지 않아 조보지가 비로소 잘못된 곳을 바로잡았으나 고문에 모두 일치할 수 없었다. 여조겸이 또다시 바로잡아 경 2권과 전 10권으로 만들어 마침내 공자가 옛날에 말한 것을 복원했다. 홍무 초에 5경을 세상의 유학으로 반포하고, 《역》은 정이천과 주희 두 사람의 《역》과 겸용해서 또 각각 책을 만들었다. 영락 연간에 《대전》을 편수할 때, 주자가 권(卷)을 순서대로 편집하는 방식을 택하여 나누고 정이천의 《전》 뒤에 붙였다. 주자가 고문으로 정한 것이 오히려 재차 뒤섞여 어지러워졌으니, 단은 곧 문왕이 지은 사에 연결한 것이고, 전이라는 것은 공자가 경을 해석한 사다. 후에 대체적으로 "전은 이에 따른다"고 했다. 이것이 "단상전조 아래에 있는 뜻(彖上傳條下義)"이다.

"문언조 아래에 있는 뜻(文言條下義)"은 지금 문언 두 글자를 삭제하고 "원이라는 것은 선의 으뜸(元者善之長也)"이라는 문장 아래에 붙였다. 그 단왈(彖曰), 상왈(象曰), 문언왈(文言曰)이라는 글자는 모두 주자본에 없는데 정이천의 《전》에 의거하여 다시 첨가했다. 후대에 와서 선비들은 정이천의 《전》의 많은 분량에 염증을 느껴 내던지고 읽지 않았으며 오로지 《본의》만을 사용했다. 《대전》은 조정에서 반포한 것이니 감히 함부로 고치지 못했다. 마침내 정이천의 《전》을 감수하고 이의 목차를 주자본의 목차로 삼았으니 두 《전》의 시간 차이도 200년이나 된다. 진나라는 책을 불태웠기 때문에 5경이 사라졌지만 명 왕조는 선비를 취했음에도 5경이 사라졌다. 지금 과거(科

擧)를 위해 배우는 것은 대개 모범 답안지에만 익숙한 말이니 그것으로 대의를 통달할 수는 없다. 이 (주역의) 경이 이해할 수 없는 책[拾瀋]이 되어 버려《주역》은 사라졌다. 호씨의《전》한 · 두 구만을 취해 요지로 삼고 경으로 사안마다 비슷한 것을 맞춰 합해 놓았으니 이것이 제(題)가 되었다. 전을 주로 하고 경을 보조로 삼았으니 경이라는 것은 활쏘기용 표적[射覆]으로 쓰이는 책이 되었고《춘추》는 사라졌다.

《周易》 自伏羲畫卦, 文王作彖辭, 周公作爻辭, 謂之經. 經分上下二篇. 孔子作〈十翼〉, 謂之傳. 傳分十篇,〈彖傳〉上下二篇,〈象傳〉上下二篇,〈繫辭傳〉上下二篇,〈文言〉〈説卦傳〉,〈序卦傳〉,〈雜卦傳〉, 各一篇. 自漢以來, 爲費直 · 鄭玄 · 王弼所亂, 取孔子之言, 逐條附於卦爻之下. 程正叔《傳》因之及朱元晦《本義》始依古文. 故於《周易》上經條下云, "中間頗爲諸儒所亂." 近世, 晁氏始正其失, 而未能盡合古文. 呂氏又更, 定著爲經二卷, 傳十卷, 乃復孔氏之舊云. 洪武初, 頒五經天下儒學, 而《易》兼用程 · 朱二氏, 亦各自爲書. 永樂中脩《大全》, 乃取朱子卷次割裂附之程《傳》之後. 而朱子所定之古文, 仍復殽亂, 彖即文王所繫之辭, 傳者孔子所以釋經之辭也. 後凡言, "傳放此." 此乃"彖上傳條下義."
云乃"文言條下義." 今乃削文言二字, 而附於"元者善之長"

也之下. 其彖曰·象曰·文言曰字, 皆朱子本所無, 復依程《傳》添入. 後來士子, 厭程《傳》之多, 棄去不讀, 專用《本義》. 而《大全》之本乃朝廷所頒, 不敢輒改. 遂即監版傳義之本刊去程《傳》, 而以程之次序爲朱之次序, 相傳且二百年矣. 秦以焚書而五經亡, 明朝以取士而五經亡. 今之爲科擧之學者, 大率皆帖括熟爛之言, 不能通知, 而《易》亡矣. 取胡氏《傳》一句兩句爲旨, 而以經事之相類者, 合以爲題. 傳爲主經爲客, 一經者, 爲射覆之書, 而《春秋》亡矣.

공자가 《역》을 논하다(孔子論易)

공자가 《논어》에서 《주역》을 논한 장(章)은 오직 두 개뿐이다. 하나는 "공자께서 '하늘이 나를 몇 년 더 살게 하여 오십 나이에 《주역》을 다 배울 수 있다면 큰 잘못을 저지르지 않을 수 있을 것이다'라고 하셨다"라는 장과 "공자께서 '남방 사람들에게 사람이 항상 일정함이 없으면 무당과 의원조차도 될 수 없다는 말이 있으니 좋은 말이로구나. 그 덕을 늘 변하지 않게 하라. 혹 그렇게 하지 못하면 부끄러운 일을 당하게 된다'고 하셨다. 공자께서 '《주역》의 점을 쳐 보지 않았기 때문이다'라고 하셨다"라는 장이 있다. 이렇게 성인이 《주역》을 공부한 것은 평소 일상에서 사용하는 말과 평소 일상에서 이루어지는 행동 사이를 넘지 않으며 상수(象數)를 그리고 글로 쓰는 일이 아니었다. 지금 학자들 중에는 상(象)을 그리는 일에 천착하고서 스스로 능력이 있다고 생각하는 자가 태반이다.

《시》 300편을 한마디로 하자면 "생각함에 사특함이 없다"이다. 《주역》 64괘 384효를 한마디로 하자면 "그 덕을 늘 변하지 않게 하라. 혹 그렇게 하지 못하면 부끄러운 일을 당하게 된다"이다. 공자가 생각하여 깨달을 수 있었던 것은 늘 변하지 않고 그렇게 했기 때문이다. 늘 변하지 않고 그렇게 한 뒤에야 큰 실수가 없는 법이다.

孔子論《易》見於《論語》者, 二章而已. "曰, 加我數年, 五十以學《易》, 可以無大過矣." "曰, '南人有言曰, 人而無恒不可以作巫醫, 善夫. 不恒其德, 或承之羞.' 子曰'不占而已'矣." 是則聖人之所以學《易》者, 不過庸言·庸行之間, 而不在乎圖書象數也. 今之穿鑿圖象, 以自爲能者, 畔也.

《詩》三百, 一言以蔽之曰, "思無邪." 《易》六十四卦三百八十四爻, 一言以蔽之曰, "不恒其德, 或承之羞." 夫子所以思得見, 夫有恒也. 有恒然後, 可以無大過.

저 요임금으로부터 이 기주 지방을 다스렸다(惟彼陶唐, 有此冀方)

요임금 · 순임금 · 우임금 모두 황하 북쪽에 도읍했기에 기주 지방이라고 한다. 태강에 이르러 처음 황하 북쪽을 잃자 다섯 형제가 그 어머니를 모시고 따라가서 이에 황하 남쪽에 임시로 나라를 세웠다. 다시 이어서 후상[相]에 이르고 마침내 착(浞)에 이르러 멸망했다. 예전의 천자는 오래된 도읍을 잃어버리면 나라를 다스릴 수 없었다. 주나라가 풍 땅과 호 땅을 잃자 평왕은 동천했고, 진나라가 낙양을 잃고 송나라가 개봉을 잃자 진의 원제와 송의 고종은 양자강 왼쪽으로 천도하고도 결국 떨치지 못했다. 오직 은나라만이 황하에서 기 땅으로 다섯 번 천도하고도 적국이 기회를 엿보지 못했는데 위세는 예전 같지 않았다. 당나라 현종 이후로 천자들이 여러 번 몽진했는데 결국 오래지 않아 다시 나라를 회복한 것은 장안을 버리지 않았기 때문이다. 그러므로 곽자의가 남만의 땅에서 돌아오겠다는 표를 올리자 당나라 대종(代宗)이 눈물을 흘렸고 종택이 경사로 환궁할 것을 상주하자 충의로운 마음이 돌아왔다. 오호라! 착의 아들 요가 욕심을 좇았어도 다행히 민심이 따르지 않아 소강이 마침내 한 무리의 사람들로 주살할 수 있었던 것이다. 후대의 군주 된 자들이 불행히 그 도읍을 잃어버리고도 다시 부흥의 계획을 세우는 것은 생각뿐이구나!

하나라의 도읍은 본래 안읍이었다. 태강이 낙표에서 사냥했고 예는 황하에서 떨어져 있었기에 기주 지방의 땅이 예에게 들어왔다. 황하의 동쪽과 남쪽만이 하나라의 소유가 되었고 후상에 이르러 그 땅을 잃고 나라는 두 짐씨[二斟]에게 의존했다. 이에 요를 시켜 군대를 이끌어 짐관을 죽이고 짐심을 정벌하게 하니 후상이 마침내 멸망했다. 요가 과(過)나라에 거처하여 동쪽 지방을 제압하고 요의 아우 희가 과(戈)나라에 거처하여 남쪽 나라를 손에 넣었다. 그때 미가 격나라로 도망가서 황하 동쪽에 있었고, 소강이 우나라로 도망가서 황하의 남쪽에 있었으니 황하 안쪽이 난신적자의 무리로부터 안전했다. 위강과 오원 두 사람의 말을 합해 보면 당시의 형세를 볼 수 있다. 소강이 덕을 베풀고 계략을 꾸미는 것도 힘써 행하기 어렵지 않았겠는가? 예전의 천자는 항상 기주에 거처했는데 후대 사람들도 이를 근거로 결국 기주를 중국으로 불렀다.

堯·舜·禹, 皆都河北, 故曰冀方. 至太康始失河北, 而五子御其母以從之, 於是, 僑國河南. 再傳至相, 卒爲浞所滅. 古之天子, 失其故都, 未有能國者也. 周失豐·鎬, 而平王以東, 晉失雒陽, 宋失開封, 而元帝·高宗, 遷於江左, 遂以不振. 惟殷之五遷圮於河, 而非敵人之窺伺, 則勢不同爾. 唐自玄宗以後, 天子屢嘗出狩, 乃未幾而復國者, 以不棄長安也. 故子儀回鑾之表, 代宗垂泣, 宗澤還京之奏, 忠義歸心. 嗚呼! 幸而澆之縱欲, 不爲民心所附, 少康乃得以一旅之衆而誅之爾. 後之人主, 不幸失其都邑而爲興復之計者, 其念之哉!

夏之都, 本在安邑. 太康畋於洛表, 而羿距於河, 則冀方之地, 入於羿矣. 惟河之東與南, 爲夏所有, 至后相失, 國依於二斟. 於是, 使澆用師殺斟灌, 以伐斟鄩, 而相遂滅. 乃處澆於過, 以制東方, 處豷於戈, 以控南國. 其時, 靡奔有鬲, 在河之東, 少康奔有虞, 在河之南, 而自河以內, 無不安於亂賊者矣. 合魏絳伍員二人之言, 可以觀當日之形勢. 而少康之所以布德兆謀者, 亦難乎其爲力矣? 古之天子常居冀州, 後人因之, 遂以冀州爲中國之號.

마음에 믿음이 없어져서 신에 대한 약속과 맹세를 뒤엎었다(罔中于信, 以覆詛盟)

나라가 어지러워지고 정치가 없어지면 보잘것없는 백성들은 인정이 있어도 펼칠 수 없고 원통함이 있어도 이치를 밝히지 못한다. 이에 어쩔 수 없이 신(神)에게 하소연했는데 맹세를 뒤엎는 일이 일어났다. 소공은 포공의 참소에 맞닥뜨려서 "세 물건을 꺼내어 너와 맹약하리라"고 했고 굴원은 자란의 참소에 맞닥뜨려서 "오제로 하여금 내 말을 변석하게 하고" "구요로 하여금 내 말을 듣게 하라"고 했으니 세상 사람들에게도 또한 그렇지 않은 것이 없는 지경에 이르렀다. 귀신이 인간 세상을 왕래하며 그 정기를 드러내곤 하니 이에 상벌의 근본이 마침내 까마득하게 멀고 먼 가운데로 옮겨졌다. 돈후한 백성들이 왕의 형벌을 두려워하는 것은 귀신의 꾸짖음을 두려워하는 것만 못하다. 마침내 세상의 군자는 오히려 귀신의 책망을 취해서 왕의 정치가 궁벽한 것을 보충했다. 오늘날 지옥에 대한 전설, 귀신과의 감응을 얘기하는 책들은 모두 묘나라 백성들이 신에게 약속하고 맹세했던 일의 남아 있는 풍속이다. "(제후들이) 힘쓰고 노력해서 홀아비와 과부들이 해를 입는 일이 없었다"라고 했듯이 왕정은 군주가 실행하는 것이기에 사람들은 스스로 더 이상 신에게 구하지 않았다. 그러므로 "도가 있는 세상에 귀신[鬼]은 신이 되지 못한다"고 했다. "땅과 하늘 사이의 연락을 끊는다(絶地天通)"는 말이 이런 것이다.

國亂無政, 小民有情而不得申, 有寃而不見理. 於是, 不得不愬之於神, 而詛盟之事起矣. 蘇公遇暴公之譖, 則"出此三物以詛爾." 斯屈原遭子蘭之讒, 則告"令五帝以折中." "命咎繇而聽." 直至於里巷之人, 亦莫不然. 而鬼神之往來於人間者, 亦或著其靈爽, 於是賞罰之柄, 乃移之冥漠之中. 而蚩蚩之氓, 其畏王鈇, 常不如其畏鬼責矣. 乃世之君子, 猶有所取焉, 以輔王政之窮. 今日所傳地獄之說·感應之書, 皆苗民詛盟之餘習也. "明明棐常, 鰥寡無盖." 則王政行於上, 而人自不復有求於神. 故曰, "有道之世, 其鬼不神." 所謂"絶地天通"者, 如此而已矣.

사시(四詩)

《시》의 〈주남〉 편과 〈소남〉 편은 남(南)이지 풍(風)이 아니다. 《시》의 〈빈〉 편은 빈나라의 시로 아(雅)라고 말하거나 송(頌)이라고 말하지 풍이라고 말하지 않는다. 《남》·《빈》·《아》·《송》은 사시가 되고 여러 나라의 풍을 붙였으니 이것이 《시》의 본래 순서다.

〈周南〉·〈召南〉, 南也, 非風也. 〈豳〉謂之豳詩, 亦謂之雅, 亦謂之頌, 而非風也. 《南》·《豳》·《雅》·《頌》, 爲四詩, 而列國之風附焉, 此《詩》之本序也.

노나라의 《춘추》(魯之春秋)

《춘추》는 은공부터 시작하지 않는다. 진나라 한선자가 노나라에 초빙되어 태사에게서 역사서를 보고 "《주역》의 〈상전〉과 노나라 《춘추》를 보고 '주나라의 예법이 다 노나라에 있구나. 내가 마침내 주공의 덕과 주나라가 천자의 나라가 되었던 까닭을 알게 되었다'"고 했다. (《춘추》는) 반드시 백금이 봉읍을 얻고 난 뒤부터 시작해야 하고 (노나라의 역사) 중기에 이르면 이때는 주나라 왕실이 전성기를 누리던 때에 해당하니 주나라 왕이 제후를 조회하고 제후가 주나라 왕을 알현하는 일, 제후들이 회합하고 동맹하는 일, 정벌하는 일이 모두 여기에 있었다. 그러므로 "주나라가 예를 완성시킨 것은 옛날의 훌륭한 역사"라고 말했던 것이다. 노나라 은공 이후부터 세상의 도가 쇠퇴하고 미약해져 사관이 그 관직을 잃었고 이에 공자가 두려워하여 편수했다. 혜공 이전의 문장부터 고칠 곳이 없었기에 이른바 "전달하되 창작하지 않았다"는 것이다. 은공 이하부터 공자가 스스로의 뜻으로 편수했으니 이른바 "《춘추》를 지었다"라고 하는 것이다. 그렇기에 혜공 이전부터

의 《춘추》는 공자가 좋아하는 바를 가지고 따른 것이다. 애석하구나, 그 책이 남아 있지 않구나!

《春秋》不始於隱公. 晉韓宣子聘魯, 觀書於太史氏, "見《易》〈象〉與魯《春秋》曰, '周禮盡在魯矣. 吾乃今知周公之德與周之所以王也'." 蓋必起自伯禽之封, 以洎於中世, 當周之盛, 朝覲 · 會同 · 征伐之事皆在焉. 故曰, "周禮而成之者, 古之良史也." 自隱公以下, 世道衰微, 史失其官, 於是孔子懼而脩之. 自惠公以上之文, 無所改焉, 所謂"述而不作者"也. 自隱公以下, 則孔子以己意脩之, 所謂"作《春秋》"也. 然則自惠公以上之《春秋》, 固夫子所善而從之者也, 惜乎, 其書之不存也!

왕력 정월(王正月)

《광천서발》에는 《진강정명》에 쓰인 "왕 10월 을해일"을 실어 놓고 이를 논하길 "성인이 《춘추》를 지을 때 해의 첫머리에 왕(王)이라고 썼다. 이것이 설명하는 것은 올바름[正]으로 시작했음이다. 이제 진나라 사람들이 솥[鼎]을 만들고 '왕력 10월'이라고 적었다. 당시 제후들 모두가 왕력 정월을 존중했기에 정월을 법으로 삼았지 노나라만이 법으로 삼았던 것은 아니다"라고 했다. 이몽양도 "오늘날 사람들 중 종종 진나라 역법의 기준을 사용하는 경우도 왕력 정월이라는 글자를 쓴다"고 했다. 이것으로 보아 《춘추》의 왕력 정월은 반드시 노나라 역사의 본래 글이다. 왕이라고 말한 것은 하나라 · 은나라와 구별하기 위한 것이지 다른 뜻은 없다. 유원보가 왕이라는 한 글자로 성인이 새로운 뜻을 만들었다고 했지만 틀렸다. "공자가 전달하되 창작하지 않고 옛것을 신뢰하고 좋아한다"고 한 것이 여기에서도 보인다.

《廣川書跋》載《晉姜鼎銘》曰, "惟王十月乙亥." 而論之曰, "聖人作《春秋》, 於歲首則書王. 說者, 謂謹始以正端.

今晉人作鼎而曰'王十月.' 是當時諸侯, 皆以尊王正爲法, 不獨魯也." 李夢陽言, "今人往往有得秦權者, 亦有王正月字." 以是觀之, 《春秋》王正月, 必魯史本文也. 言王者, 所以別於夏殷, 並無他義. 劉原父, 以王之一字, 爲聖人新意, 非也. "子曰, 述而不作, 信而好古." 亦於此見之.

천왕(天王)

《상서》의 글에는 단지 왕(王)이라고만 칭했는데 《춘추》에는 천왕이라고 했다. 당시 초나라 · 오나라 · 서나라 · 월나라 모두가 왕을 참칭했기 때문에 천(天)을 덧붙여서 구별했던 것이다. 조자가 이르길 “천왕이라 칭하여 두 명의 왕이 없음을 드러냈다”고 한 것이 이 말이다.

《尚書》之文, 但稱王, 《春秋》則曰天王. 以當時, 楚 · 吳 · 徐 · 越, 皆僭稱王, 故加天以別之也. 趙子曰, “稱天王, 以表無二尊.” 是也.

망한 나라에도 장사 지냈음을 경에 썼다(亡國書葬)

기(紀)나라가 이미 망했는데도 "기나라의 숙희를 장사 지냈다"라고 경에 쓴 것은 기나라를 보존한 것이다. 진(陳)나라가 이미 망했는데도 "진나라 애공을 장사 지냈다"라고 경에 쓴 것은 진나라를 보존한 것이다. 이것이 성인의 인정이니 모든 일을 행하는 데 보인다.

紀已亡而書"葬紀叔姬." 存紀也. 陳已亡而書"葬陳哀公." 存陳也. 此聖人之情, 而見諸行事者也.

대부는 자로 부른다(大夫稱子)

주나라는 공·후·백·자·남(公·侯·伯·子·男) 다섯 가지 등급의 작위를 만들었는데 대부가 비록 귀하다 할지라도 감히 자(子)로 불리지 못했다. 《춘추》에는 희공 때까지 대부를 백(伯)·중(仲)·숙(叔)·계(季)로 불렀다. 삼환의 선조는 공중(共仲)·희숙(僖叔)·성계(成季)로 불렸는데 맹손씨를 자로 부른 것은 멸(蔑)부터이고, 숙손씨를 자로 부른 것은 표(豹)부터이며, 계손씨를 자로 부른 것은 행보(行父)부터다. 춘추시대에 대부가 비록 자를 참칭했을지라도 감히 그 군주 앞에서 부르지 못한 것은 제후들이 공(公)을 참칭했으면서도 감히 천자 앞에서 부르지 못했던 것과 같다. 어떻게 이를 아냐면 위나라 공회의 《정명》으로 알 수 있는데 "헌공은 성숙에게 명해서 조부의 직무를 이어받게 했다" 하고 "그대의 부군인 문숙도 선조로부터 물려받은 충절심에 불탔다"고 했다. 성숙은 공성자(孔成子) 증서(烝鉏)이고 문숙은 공문자(孔文子) 어(圉)다. (임금과 성이 다른 제후인) 숙구(叔舅)임에도 자(子)로 부르지 않은 것은 군주 앞에서 감히 자라고 부르지 못한 것이니 오히려 선왕의 제도가 보존되었던 것이다. 전국시대에 이르러 자로 부르는 것도 만족하지 않아 군(君)으로 봉했다. 《상서》〈낙고〉의 "이 단은 많은 아들들과 관리들을 거느리고"에서 많은 아들들[多子]은 《춘추전》에서 말하는 여러분[羣子]과 같다.

周制公·侯·伯·子·男爲五等之爵, 而大夫雖貴, 不敢稱子. 《春秋》自僖公以前, 大夫並以伯仲叔季爲稱. 三桓之先曰共仲, 曰僖叔, 曰成季, 孟孫氏之稱子也, 自蔑也. 叔孫氏之稱子也, 自豹也. 季孫氏之稱子也, 自行父也. 春秋時, 大夫雖僭稱子, 而不敢稱於其君之前, 猶之諸侯僭稱公, 而不敢稱於天子之前也. 何以知之, 以衞孔悝之《鼎銘》知之, 曰, "獻公乃命成叔, 纂乃祖服." 曰, "乃考文叔, 興舊耆欲." 成叔, 孔成子烝鉏也. 文叔, 孔文子圉也. 叔而不子, 是君前不敢子也, 猶有先王之制存焉. 至戰國, 則子又不足言, 而封之爲君矣. 〈洛誥〉"予旦以多子, 越御事." 多子, 猶《春秋傳》之言羣子也.

악장(樂章)

《시》 300편은 모두 음(音)을 입혀 악(樂)으로 만들 수 있었다. 한나라 이후로 5언에 속하는 시로써 가사로 사용하지 않는 시[徒詩]를 만들고 음과 맞춘 경우를 악부(樂府)라고 한다. 송나라 이후 이른바 악부는 시의 가사[辭]와 비교하여 가사로 사용하지 않는 시와 구별되지 않았다. 이에 시는 악과 더불어 두 개가 되었으니 특별히 악이 사라진 것도 아니고 시가 사라진 것도 아니다. 옛날 사람들은 시에 악을 붙였고, 오늘날의 사람들은 악에 시를 붙인다. 옛날 사람들은 반드시 먼저 시가 있고 난 뒤에 악으로 그 시와 화합했다. 옛 시는 대체로 중원의 여러 나라로부터 나왔다. 그 시인들 중에는 선왕의 풍(風)과 노래의 교훈을 가지고 있었으니 그 마음이 조화롭고 그 가사가 화려하지 않았어도 음절 마디마디는 왕왕 자연의 음률과 조화를 이루었다.

그러나 《초사》 이후로 반드시 다 조화를 이루었다고 볼 수 없다. 위진 시대에 이르러 강족과 융족[羌戎]이 무질서하게 어지럽혀서 음이 변질되어 남북이 각각 달랐다. 그러므로 문인의 작품은 대부분 음과 맞출 수 없었고, 이름만 악부로 되어 있을 뿐 가사로 사용하지 않는 시와 다름이 없었다. 사람에게는 불순함이 있어도 옛날에 전해진 5음 12율을 지금에 와서도 바꾸지 않았다. 이에 어쩔 수 없이 5음을 사람의 목소리에 맞추었으니 이를 "악에 시를 붙였다"고 한다. "악에 시를 붙였다"는 것은 옛 제도가 아니고 후대에 잃어버렸기에 어쩔 수 없이 악에 시를 붙였던 것이다. 시를 말하는 자는 대체로 성음을 지엽적인 것으로 삼았다. 이것은 옛사람들이 학문에 들어갈 적에 육예(六藝)로부터 시작했다는 사실을 알지 못하는 것이다. 공자는 예에 빠져 노니는 것을 학문의 완성으로 생각했다. 후대 사람들의 학문은 고상한 것을 좋아하여 육예를 북쟁이[瞽師]와 악공(樂工)의 일로 생각하고 마침내 삼대의 음악을 두 개의 경사[兩京]에서 없앴으며, 두 개의 경사에서 즐기던 음악을 후대까지 보존하지 않았으니 성음의 학문이 마침내 당대에 와서 끊겼다. 옛날에는 사람들마다 이를 알았는데 지금은 마침내 학문이 끊기고 또 "예는 예일 뿐이니 해가 없음을 알지 못했다"라고 하니 이것이 근대 유자들이 자신의 학문을 공소하게 만든 까닭이다.

《詩》三百篇, 皆可以被之音而爲樂. 自漢以下, 乃以其所賦五言之屬爲徒詩, 而其協於音者, 則謂之樂府. 宋以下, 則其所謂樂府者, 亦但擬其辭而與徒詩無別. 於是乎詩之與樂, 判然爲二, 不特樂亡, 而詩亦亡. 古人以樂從詩, 今人以詩從樂. 古人必先有詩, 而後以樂和之. 古之詩, 大抵出於中原諸國. 其人有先王之風 · 諷誦之教, 其心和, 其辭不侈, 而音節之間往往合於自然之律.

《楚辭》以下, 即已不必盡諧. 降及魏 · 晉, 羌 · 戎雜擾, 方音遞變, 南北各殊. 故文人之作, 多不可以協之音, 而名爲樂府, 無以異於徒詩者矣. 人有不純而五音 · 十二律之傳於古者, 至今不變. 於是, 不得不以五音正人聲, 而謂之"以詩從樂." "以詩從樂" 非古也, 後世之失, 不得已而爲之也. 言詩者, 大率以聲音爲末藝. 不知古人入學自六藝始. 孔子以游藝爲學之成. 後人之學好高, 以此爲瞽師 · 樂工之事, 遂使三代之音, 不存於兩京, 兩京之音, 不存於六代, 而聲音之學, 遂爲當今之絶藝. 古之時, 人人知之, 而今日遂爲絶學, 且曰, "藝而已矣, 不知之無害也." 此近代之儒所以自文其空疏也.

6. 역사(歷史)에 관해

황금(黃金)

한나라 때에 황금은 위아래로 유통되었기 때문에 문제가 주발에게 하사한 황금이 5000근에 이르고, 선제가 곽광에게 하사한 황금이 7000근에 이르며, 무제가 장공주를 난대의 아내로 보내면서 하사한 황금만 1만 근에 이른다. 대장군 위청이 국경으로 출정해서 적을 사로잡거나 목을 벤 병사들에게 하사한 황금은 20여만 근이었고, 양나라 효왕이 서거했을 때 왕실 창고에 남아 있던 황금만 40여만 근이었다. 관도공주가 동언을 가까이하고 총애했는데 (그가 사적인 교제에 재물을 이용하자) 중부에 명령하여 "동언이 하루에 금 약 100근, 은전 약 100만, 비단 약 1000필을 사용했으니 그를 탄핵하라"고 했다. 왕망이 제후 이하로는 황금을 지닐 수 없게 금지하고 어부(御府)를 보내서 직접 거뒀다. 훗날 왕망이 패망하면서 성중의 황금 1만 근을 하나의 궤짝으로 만들었는데 무려 60개나 되었다. 황문(黃門) · 구순(鉤盾) · 장부(藏府) · 중상(中尚) 등 모든 부서에도 부서마다 각각 궤짝 여러 개를 가지고 있었다. 그리고 《후한서》 〈광무기〉에 "왕망 시대 말기에 천하는 가

물었고 메뚜기가 들끓어 황금 한 근을 양식 한 말과 바꾸었다"고 했으니 민간에도 일찍이 황금이 없지는 않았다. 동탁이 죽었을 때 오중에는 금 2~3만 근, 은 8~9만 근이 있었다. 소열제가 익주를 얻었을 때 제갈양 · 법정 · 관우 · 장비에게 각각 금 500근과 은 1000근을 하사했다. 《남제서》〈소영주전〉에는 "장사사의 중들이 부를 쌓아서 황금을 녹여 용을 만드는 데 수천 냥을 썼고 땅속에 묻어두고 대대로 전해 주면서 말하기를 '아래를 누런 철[黃鐵]로 만들었다'고 했는데 본 사람이 없었다. 소영주가 군대를 이끌고 마침내 이 용을 빼앗아 군비로 충당했다"라고 했고 《양서》〈무릉왕기전〉에는 "황금 한 근으로 전병[餠]을 만들고 100병으로 추(篝)를 만들었는데 100추를 가지고 있으면 은의 다섯 배가 되었다"라고 했으니 이때 이후로 역사에서 보기 힘들었다. 《상서》의 주석에는 "한 · 위 시대에 죄를 속량하는 데 모두 황금을 사용했다. 후위에서는 금을 얻기 힘들게 되자 금 한 냥으로 명주 열 필을 징수한다는 영을 내렸다. 오늘날의 법률에 따르면 구리로 속량한다"라고 되어 있다.

송나라 태종이 학사 두호에게 묻기를 "양한 시대에 하사품으로 황금을 많이 사용했는데 후대에는 마침내 얻기 어려운 재화가 되었으니 어찌된 일인가?"라고 하자 두호가 대답하기를 "당시에는 불교[佛事]가 아직 일어나지 않았기에 금값이 매우 낮았습니다"라고 했다. 오늘날 눈으로 기록을 본 것과 《회전》에 기재된 것으로 국초의 금값을 대략 짐작할 수 있다. 《회전》 〈초법권〉에는 "홍무 8년 대명보초를 만들어 보초 한 관을 은 한 냥으로 환산하고 보초 네 관을 순금 한 냥으로 바꾸었다"라고 했으니 금 한 냥은 은 넉 냥에 해당한다. 《회전》 〈징수권〉에는 "홍무 18년 조세를 환산하여 징수하는 일은 금 한 냥당 쌀 열 석을 기준으로 하고 은 한 냥당 쌀 두 석을 기준으로 한다"라고 했으니 금 한 냥은 은 다섯 냥에 해당한다. 홍무 30년 황제는 "체납한 조세를 환산하여 징수하도록 한 일은 백성들을 곤궁함에서 벗어나도록 하기 위해서다. 그런데 오늘날 이처럼 조세가 무겁다면 더욱 백성들을 곤궁하게 할 것이다"라고 하면서 영을 고쳐 금 한 냥당 쌀 20석을 기준으로 하고, 은 한 냥당 쌀 네 석을 기준으로 했으나 이렇게 해도 금 한 냥은 은 다섯 냥에 해당한다. 영락 11년 금 한 냥당 쌀 30석을 기준으로 한다고 영을 내리니 은 일곱 냥 다섯 전에 해당한다. 또 교지에게 소금 상인들을 소집하도록 영을 내려 금 한 냥에 소금 30수레를 지불하도록 했으니 은 열 냥에 해당한다. 승평 이후 나날이 사치스러워져서 위로는 황궁[宮掖]으로부터 아래로는 훈귀(勳貴)에 이르기까지 어찌 재물의 씀씀이가 지나치지 않았겠는가! 만력 연간 순금 값은 일고여덟 번 바뀌는 데 그쳤는데 숭정 연간에는 열 번 바뀌고 강동 쪽은 열세 번이나 바뀌는 것을 어릴 적에 보았다. 구슬을 내던지고 벽옥을 버릴 정도로 재화가 넘치는 시대를 장차 언제 보겠는가!

漢時, 黃金上下通行, 故文帝賜周勃至五千斤, 宣帝賜霍光至七千斤, 而武帝以公主妻欒大, 至齎金萬斤. 衛青出塞, 斬捕首虜之士, 受賜黃金二十餘萬斤. 梁孝王薨, 藏府餘黃金四十餘萬斤. 館陶公主近幸董偃, 令中府曰, "董君所發, 一日金滿百斤 · 錢滿百萬 · 帛滿千匹, 乃白之." 王莽禁列侯以下, 不得挾黃金輸御府受直. 至其將敗, 省中黃金萬斤者爲一匱, 尚有六十匱. 黃門 · 鉤盾 · 藏府 · 中尚方處處各有數匱. 而《後漢》〈光武紀〉言, "王莽末, 天下旱蝗, 黃金一斤易粟一斛." 是民間亦未嘗無黃金也. 董卓死, 塢中有金二三萬斤, 銀八九萬斤. 昭烈得益州, 賜諸葛亮 · 法正 · 關羽 · 張飛金各五百斤 · 銀千斤. 《南齊書》〈蕭頴胄傳〉"長沙寺僧業富, 沃鑄黃金爲龍, 數千兩, 埋土中, 曆相傳付, 稱爲下方黃鐵, 莫有見者. 頴胄起兵, 乃取此龍, 以充軍實." 《梁書》〈武陵王紀傳〉"黃金一斤爲餠, 百餠爲簉, 至有百簉, 銀五倍之." 自此以後, 則罕見於史. 《尚書》疏,

"漢·魏贖罪, 皆用黃金. 後魏以金難得, 令金一兩, 收絹十四. 今律乃贖銅."

宋太宗問學士杜鎬曰, "兩漢賜予多用黃金, 而後代遂爲難得之貨, 何也?" 對曰, "當時, 佛事未興, 故金價甚賤." 今以目所睹記及《會典》所載, 國初金價推之, 亦大畧可考. 《會典》〈鈔法卷〉內云, "洪武八年, 造大明寶鈔, 每鈔一貫, 折銀一兩, 每鈔四貫, 易赤金一兩." 是金一兩當銀四兩也. 〈徵收卷〉內云, "洪武十八年, 令凡折收稅糧, 金每兩准米十石, 銀每兩准米二石." 是金一兩當銀五兩也. 三十年, 上曰, "折收逋賦, 欲以蘇民困也. 今如此其重, 將愈困民." 更令金每兩准米二十石, 銀每兩准米四石, 然亦是金一兩當銀五兩也. 永樂十一年, 令金每兩准米三十石, 則當銀七兩五錢矣. 又令交阯召商中鹽, 金一兩給鹽三十引, 則當銀十兩矣. 豈非承平以後, 日事侈靡, 上自宮掖, 下逮勳貴, 用過乎物之故與! 幼時見萬曆中赤金止七八換, 崇禎中十換, 江左至十三換矣. 投珠抵璧之風, 將何時而見與!

은(銀)

당 · 송 이전까지 위아래로 유통된 재화는 한결같이 전부 주전[錢]이었고 은을 사용한 적은 없었다. 《한서》〈식화지〉에는 "진나라가 천하를 겸병하고 화폐[幣]는 두 가지 등급으로 만들었다. 구슬, 옥, 거북 껍질, 조개껍질, 은, 주석 같은 종류는 기물의 장식이나 소장하는 보물로 삼았지 화폐로 삼지 않았다. 한무제가 처음으로 백금을 세 등급으로 만들었는데 얼마 되지 않아 폐기하여 통용되지 않았다"라고 했다. 《구당서》에는 헌종 원화 3년 6월, 황제가 조서를 내려 "천하에 은이 있는 산에는 반드시 구리 광석이 있다. 구리라는 것은 북이나 징을 만드는 재료가 될 수 있으나 은이라는 것은 사람이 살아가는 데 무익하다. 천하에 오령(五嶺) 이북에서 은갱(銀坑)을 찾거나 캐는 행위는 전부 금지하고 중단한다"라고 했다. 그러나 《통전》을 살펴보건대 양나라 초기 경사와 삼오 · 형주 · 정주 · 강주 · 상주 · 양주 · 익주에서만 주전을 사용하고 그 나머지 주와 군은 곡식과 비단을 서로 바꾸는 방식이 섞여 있다. 넓은 지역으로 교역하면 오로지 금과 은으로만 재화를 삼았다. 당나라 한유 또한 장계를 올려서 "오령의 매매는 한결같이 은으로만 합니다"라고 했고, 원진이 상주한 장계에도 "오령 이남부터는 금과 은으로 화폐를 삼습니다. 파촉[巴] 이외는 소금과 비단으로 교역하는데 검 · 무 · 계 · 협 지역에서는 수은(水銀) · 주사(朱砂) · 증채(繒綵) · 두건과 모자[巾帽]를 사용하여 서로 거래합니다"라고 했다.

《송사》〈인종기〉에는 경우 2년 황제가 조서를 내려 "제로(諸路)는 해마다 민전(緡錢)을 내도록 하고 복건과 이광은 은으로 바꾸고 강동은 비단으로 바꿔서 내도록 했다"라고 했는데, 이에 은으로 민전을 충당하는 자가 있었다. 《금사》〈식화지〉에는 "예전의 경우 은 한 덩어리당 50냥으로 100관의 가치가 있었다. 민간에서 혹 끊거나 뚫어서 사용하는 자가 있어서 그 가격도 은의 높고 낮음을 따랐다. 마침내 끊거나 뚫어 만든 은을 고쳐서 승안보화(承安寶貨)로 명명하고 한 냥에서 열 냥까지 다섯 등급으로 나누어 한 냥당 주전 2관으로 대신했더니 공사(公私)에서 모두 주전을 사용하는 것을 보았다"라고 했다. 또 "다시 흥정보천(興定寶泉)을 만들었는데 한 관당 통보 50개의 가치가 있었다. 또 비단을 박은 것으로 원광진화(元光珍貨)를 만들어 은초(銀鈔) · 여초(餘鈔)가 함께 통용되었다.

통용된 지 오래지 않아 은값이 날로 높아지고 보천의 가치가 날로 떨어지니 백성들은 은으로만 가격을 따졌다. 원광 2년에 이르러 보천은 거의 사용되지 않았다. 애종 정대 연간에 민간에서는 은으로만 거래하고 바꾸었다"라고 했다. 이것이 오늘날 위아래로 은을 사용하게 된 시작이다.

唐·宋以前, 上下通行之貨, 一皆以錢而已, 未嘗用銀. 《漢書》〈食貨志〉言, "秦并天下, 幣爲二等. 而珠·玉·龜·貝·銀·錫之屬爲器飾寶藏, 不爲幣. 孝武始造白金三品, 尋廢不行." 《舊唐書》憲宗元和三年六月詔曰, "天下有銀之山, 必有銅礦. 銅者, 可資於鼓鑄, 銀者, 無益於生人. 其天下自五嶺以北, 見採銀坑, 並宜禁斷." 然考之《通典》, 謂梁初唯京師及三吳·荊·郢·江·湘·梁·益用錢, 其餘州郡則雜以穀帛交易. 交廣之域, 則全以金銀爲貨. 而唐韓愈奏狀, 亦言"五嶺買賣, 一以銀." 元稹奏狀言, "自嶺已南, 以金銀爲貨幣. 自巴已外, 以鹽帛爲交易, 黔巫溪峽用水銀·朱砂·繒綵·巾帽以相市."

《宋史》〈仁宗紀〉景祐二年詔, "諸路歲輸緡錢. 福建·二廣易以銀, 江東以帛." 於是有以銀當緡錢者矣. 《金史》〈食貨志〉"舊例, 銀每鋌五十兩, 其直百貫. 民間或有截鑿之者, 其價亦隨低昂. 遂改鑄銀, 名承安寶貨, 一兩至十兩分五等, 每兩折錢二貫, 公私同見錢用." 又云, "更造興定寶泉, 每貫當通寶五十. 又以綾印製元光珍貨, 同銀鈔及餘鈔行之. 行之未久, 銀價日貴, 寶泉日賤, 民但以銀論價. 至元光二年, 寶泉幾于不用. 哀宗正大間, 民間但以銀市易." 此今日上下用銀之始今.

돈으로 세금을 내다(以錢爲賦)

《주례》〈태재〉에서 "아홉 가지 세금으로 재물을 거둔다"의 주해에는 "재물이란 돈과 곡식"이라고 했고 또 "식구 수에 따라 조세를 부과하여 돈을 산출한다"라고 했다. 《순자》에는 "지나치게 세금을 거두어들이니 재물을 뺏는 꼴"이라고 했고 《한율》에는 "식구 수를 계산한다"라고 했는데 이렇다면 돈으로 세금을 내는 일은 예전부터 있었고, 밭의 면적으로부터 나오는 것이 아니었다. 당나라 초에 토지세[租]는 곡물로 치르고 부역세[庸]는 비단으로 치르며 공물세[調]는 명주와 베로 치렀으니 돈을 사용하지 않았다. 양세법(兩稅法)이 시행된 후부터 마침내 돈으로만 하는 것이 올바른 공납이 되었다. 《맹자》에는 "성인이 천하를 다스리면 콩과 조 같은 곡식이 물과 불처럼 풍족하게 있도록 하니 콩과 조가 물과 불처럼 풍족한데 백성들이 어찌 어질지 않겠는가?"라는 말이 있다. 오늘날의 도(道)로 말미암아 오늘날의 풍속을 바꾸지 못하니 비록 남은 곡식을 밭에 널어놓거나 두미(斗米)를 3전으로 해 줘도 운반하지 않으려고 한다. 처자식은 편안하지 못하고 백성은 끝내 재물을 얻을 수 없는데도 부유하다고 하고, 백성은 끝내 덕을 이룰 수 없는데도 바르게 되었다고 하니 왜 그런 것인가? 국가의 부세는 곡식을 사용하지 않고 은을 사용하니 버리는 것만 있고 책임지는 바가 없기 때문이다. 밭과 들에서 사는 백성은 장사꾼도 되지 못하고 관리도 되지 못하며 도적도 되지 못하는데 은이 어떻게 저절로 오겠는가! 이처럼 당 · 송의 여러 신하들은 매번 돈가뭄[錢荒]의 폐해를 개탄했는데 오늘날도 심하다. 토지의 비옥함과 척박함에 따라 세금을 부여하고 검소함으로 백성을 이끌지도 못하면서 교화가 이루어지고 풍속이 아름다워지기를 바라는 것은 이치에 맞지 않는다.

《周官》〈太宰〉"以九賦斂財賄." 注, "財, 泉 · 穀也." 又曰, "賦口, 率出泉也." 《荀子》言, "厚刀布之斂, 以奪之財." 而《漢律》有"口算." 此則以錢爲賦, 自古有之, 而不出於田畝也. 唐初, 租出穀, 庸出絹, 調出繒布, 未嘗用錢. 自兩稅法行, 遂以錢爲惟正之供矣. 《孟子》有言, "聖人治天下, 使有菽粟如水火, 菽粟如水火, 而民焉有不仁者乎?" 繇今之道, 無變今之俗. 雖使餘糧棲畝 · 斗米三錢, 而輸將不辦, 婦子不寧, 民財終不可得而阜, 民德終不可得而正, 何者? 國家之賦不用粟而用銀, 舍所有而責所無故也. 夫田野之氓, 不爲商賈, 不爲官, 不爲盜賊, 銀奚自而來哉! 此唐 ·

宋諸臣, 每致歎於錢荒之害, 而後又甚焉. 非任土以成賦, 重穡以帥民, 而欲望教化之行 · 風俗之美, 無是理矣.

구리(銅)

구리가 부족하다는 근심은 이전 시대에도 이미 얘기되었다. 강엄이 말하길 "옛날의 검[古劍]은 구리를 많이 사용했다"고 했는데 곤오(昆吾)·구야(歐冶) 같은 종류들이 모두 구리였다. 초나라 자작이 정나라 백작에게 금(동)을 주면서 맹약하기를 "'병장기로 만들지 마십시오'라고 했기에 이것으로 세 개의 종을 만들었다"고 했다. 옛날의 금(金)에는 세 가지 등급이 있는데, 검은 흑금(黑金)은 철이고 붉은 적금(赤金)은 구리이며 누런 황금(黃金)은 금이다. 하나라 시대에 아홉 명의 제후들이 금을 바쳤는데 마침내 녹여 형산 아래에서 솥[鼎]으로 만들었다. 동안우가 진양의 공궁을 다스릴 적에 공궁의 집들 모두 제련한 구리로 기둥을 만들라고 명령했다. 형가가 진왕을 공격할 적에 구리 기둥을 맞혔다. 또 시황제가 천하의 병장기를 거두어 녹여 금인(金人) 열두 명을 만들었다고 하는데 곧 동인(銅人)이다. 오왕 합려의 무덤은 동곽을 세 겹으로 만들었고 진시황의 무덤 또한 구리로 관곽을 만들었다. 전국시대부터 진나라 때까지 전쟁과 분란 중 구리는 쓰기에 충분하지 않았기 때문에 철로 충당했다. 구리를 가지고 병장기를 만드는 것은 이미 어려워졌고 철을 구하기는 아주 쉬웠기에 구리로 만든 병장기는 점차 적어지고 철로 만든 병장기가 많아졌다. 해를 더할수록 점차 번지고 유행하고 옮겨져서 마침내 풍속이 되었다. 철을 다루는 장인이 어깨를 나란히 할 정도로 많아진 까닭에 청동을 다루는 장인은 점점 사라졌다. 양한 시대에는 그 미약함을 더 볼 수 있다. 건안 24년 "위나라 태자 조비는 세 개의 보도(寶刀)와 두 개의 비수(匕首)를 만들었다"라고 했는데 천하에 수없이 두들겨서 만든 정교한 기물은 모두 철로 만들었으니 구리 주조로 돌아갈 수 없었다. 역사를 살펴보건대 한나라 이후부터 구리로 만든 기물은 사라져 적어지고, 위나라 명제만이 동인 두 개를 만들어 옹중(翁仲)이라고 불렀고, 또 황룡과 봉황 하나씩을 만들었다. 그리고 측천무후도 구리를 녹여 구주를 상징하는 솥을 만들었는데 구리 56만 712근을 사용했다. 이 밖에는 조용할 뿐 듣지 못했고 동마(銅馬)·동타(銅駝)·동궤(銅匭) 같은 종류가 있는 데 그칠 뿐이다. 《통감》에는 "후주의 세종 현덕 원년 9월 병인일에 구리를 채굴하고 동전을 주조하는 감독관청을 세우도록 명령했는데 현 관리의 물건이나 군대의 기물, 절의 도관,

종(鐘)·경(磬)·발(鈸)·탁(鐸) 종류는 아니었다. 남겨 놓도록 허락한 것 이외에 민간에 남은 구리 기물과 불상은 50일 이내에 모두 관청으로 보내고 그 값을 받아 가도록 명령했다. 기간이 경과해도 은닉하고 내놓지 않을 때는 다섯 근 이상일 경우 죽음으로 죄를 다스렸다. 다섯 근에 미치지 못하는 자는 차등해서 형벌을 따졌다. 황제께서 주변 신하에게 말하길 '경들이 불상을 훼손해서는 안 된다고 하니 의심스럽다. 불교는 선한 가르침으로 사람을 교화시킨다니 진실로 선함에 뜻을 두는 것이 부처를 받드는 것인데 저 동상을 어찌 부처라고 말하겠는가? 또한 내 듣자니 불교의 참뜻은 비록 머리와 눈을 버릴지라도 보시하여 사람을 이롭게 하는 데 있다고 했다. 만약 짐이 몸소 백성을 구제할 수 있다면 (불상을 부숴 버리는 것) 또한 애석할 바가 아니다'"라고 했다. 《오대사》에는 "고려 땅에서는 구리와 은이 나온다. 후주 세종 때에 상서수부원외랑 한언경을 파견하여 비단 수천 필로 고려에서 구리를 거래하여 동전을 주조했다. 현덕 6년 고려왕 왕소(광종)가 사신을 보내 황동(黃銅) 5만 근을 바쳤다"라고 했다.

乏銅之患, 前代已言之. 江淹謂, "古劒多用銅." 如昆吾·歐冶之類, 皆銅也. 楚子賜鄭伯金, 盟曰, "無以鑄兵, 故以鑄三鐘." 古金三品, 黑金是鐵, 赤金是銅, 黃金是金. 夏后之時, 九牧貢金, 乃鑄鼎於荊山之下. 董安于之治晉陽公宮令舍之堂, 皆以錬銅爲柱質. 荊軻之擊秦王中銅柱, 而始皇收天下之兵, 鑄金人十二, 即銅人也. 吳門闔閭冢銅槨三重, 秦始皇冢亦以銅爲槨. 戰國至秦, 攻爭紛亂, 銅不充用, 故以鐵足之. 鑄銅既難, 求鐵甚易, 是故銅兵轉少, 鐵兵轉多年. 甚一年, 歲甚一歲, 漸染流遷, 遂成風俗. 所以鐵工比肩, 而銅工稍絶. 二漢之世, 愈見其微. 建安二十四年, "魏太子鑄三寶刀 · 二匕首." 天下百錬之精利, 而悉是鑄鐵, 不能復鑄銅矣. 考之於史, 自漢以後, 銅器絶少, 惟魏明帝鑄銅人二, 號曰"翁仲." 又鑄黃龍 · 鳳凰各一. 而武后鑄銅爲九州鼎, 用銅五十六萬七百一十二斤. 自此之外, 寂爾無聞, 止有銅馬 · 銅駝 · 銅甂之屬. 《通鑑》 "周世宗顯德元年九月丙寅朔, 敕立監採銅鑄錢, 自非縣官法物 · 軍器及寺觀 · 鐘 · 磬 · 鈸 · 鐸之類. 聽留外, 其餘民間銅器 · 佛像, 五十日內, 悉令輸官, 給其直. 過期隱匿不輸, 五斤以上, 其罪死. 不及者, 論刑有差. 上謂侍臣曰, '卿輩勿以毁佛爲疑. 夫佛以善道化人, 苟志於善, 斯奉佛矣. 彼銅像豈所謂佛邪? 且吾聞佛在利人, 雖頭目猶捨以布施. 若朕身可以濟民, 亦非所惜也.'" 《五代史》 "高麗地產銅銀. 周世宗時, 遣尚書水部員外郎韓彥卿以帛數千匹市銅於高麗, 以鑄錢. 顯德六年, 高麗王昭遣使者貢黃銅五萬斤."

사해(四海)

《상서정의》에 "천지의 형세는 사방의 경계에 물이 있다"고 했고 《추연서》에는 "구주 밖에는 큰 바다가 둘러싸고 있다"라고 했다. 구주(九州)는 물 안쪽에 놓여 있기 때문에 주(州)라고 명명한 것이다. 그러나 5경에는 서해·북해라는 문장이 없으니 이른바 사해라는 것도 대개는 모든 나라를 말하는 것이다. 《이아》에 "구이·팔만·육융·오적을 사해라고 말한다"고 했고 《주례》〈교인〉에는 "사해나 산천에 장차 왕이 순수할 일이 있다면"의 주해에서 "사해는 사방과 같다"고 했으니 해(海)는 진짜 물을 가리키는 것이 아니다. 《주역》의 괘에는 "태(兌)는 택(澤)이다"라고 하지 해라고 하지 않는다. 《예기》〈향음주의〉에는 "천지의 왼편에 바다가 있는 것을 본받기 위함이다"라고 했으니 이로부터 또한 오른편에는 바다가 없음을 알 수 있다. 《상서》〈우서〉에 우가 말하길 "저는 아홉 개의 강물을 터서 사해로 흘러들게 했습니다"라고 했는데, 〈우공〉에 단 한 번 해가 있는 것에 의거하면 남해(南海)라는 명칭은 오히려 서쪽의 강이니 이것은 즉 황하[河]다. 《상서》〈우공〉에서 해를 언급한 것이 두 군데인데 "동쪽으로는 바다에 다다르고"라고 한 것은 실제 바다를 말한 것이고 "명성과 교화가 사해에 퍼졌다"라고 한 것은 대강의 바다를 말한 것이다.

송나라 홍매가 말하길 "바다는 하나일 뿐"이라고 했는데, 땅의 형세가 서쪽과 북쪽은 높고 동쪽과 남쪽은 낮아서 소위 동·북·남 삼해라고 하는 것은 사실 하나다. 북쪽은 청해와 창해에 이르기에 북해라고 하고, 남쪽은 교해와 광해에 이르기에 남해라고 하며, 동쪽은 오나라와 월나라에 잇닿아 있기에 동해라고 한다. 경유하는 곳이 없는 것은 이른바 서해라는 것이다. 《시》·《서》·《예》에서 사해라고 부르는 것은 대개 이런 종류의 것을 인용해 말하는 것이다. 예를 들어 《장자》에서 "초목도 나지 않는 북쪽의 어두운 바다"라고 한 것과 굴원이 "서해를 가리키며 기약한다"고 한 것은 모두 우화[寓言]다. 정대창이 이르길 조지국(條支國)의 서쪽에 바다가 있는데 전한의 사신이 일찍이 이를 보고 여러 사서에 올려놓았고, 후한의 반초도 감영의 무리를 보내 직접 그 땅에 이르니 서해[居延海]의 서쪽에 또한 대진국(로마)의 오랑캐들이 있고 해상들과 항상 왕래한다고 했다. 곽거병이 낭거서산을 봉읍으로 받았는데 그 산은 실제 한해(바이칼 호수)에 접해 있다. 소무와 곽길이 모두 흉노에게 잡혀 있었는데 북해에 머물렀던 것이다. 《당사》에도 "돌궐 부족 중 북해의 북쪽에는 골리간국이 있는데 북해의 북쪽 언덕에 있다"고 했다. 그렇기에 《시》·《서》에서 사해라고 칭하는 것은 실제로 중국과 그 인접국을 둘러싸고 있는 사방이라는 것이지 우화가 아니다. 그러나 오늘날 감주는 거연해에 있고 서령은 청해에 있으며 운남은 전해에 있으니 한·당 시대 사람들이 봤던 바다가 이런 종류가 아님을 어찌 알겠는가?

《書 正義》言, "天地之勢, 四邊有水." 《鄒衍書》言, "九州之外, 有大瀛海環之." 是九州居水內, 故以州爲名. 然五經無西海·北海之文, 而所謂四海者, 亦槩萬國而言之爾. 《爾雅》 "九夷·八蠻·六戎·五狄謂之四海." 《周禮》〈校人〉 "凡將有事於四海山川." 註, "四海, 猶四方也." 則'海'非眞水之名. 《易》卦"兌爲澤." 而不言海. 《禮記》〈鄉飮酒義〉曰, "祖天地之左海也." 則又以見右之無海矣. 〈虞書〉 禹言, "予決九川, 距四海." 據〈禹貢〉但有一海, 而南海之名, 猶之西河, 即此河爾. 〈禹貢〉之言海有二, "東漸于海." 實言之海也, "聲教訖于四海." 槩言之海也.

宋洪邁謂, "海一而已." 地勢西北高東南下, 所謂東北南三海, 其實一也. 北至於青·滄則曰北海, 南至於交·廣則曰南海, 東漸吳·越則曰東海, 無繇有所謂西海者. 《詩》·

《書》·《禮經》之稱四海, 蓋引類而言之. 至如《莊子》所謂"窮髮之北有冥海" 及屈原所謂"指西海以爲期" 皆寓言爾. 程大昌謂, 條支之西有海, 先漢使固嘗見之而載諸史, 後漢班超又遣甘英輩親至其地, 而西海之西, 又有大秦夷人, 與海商皆常往來. 霍去病封狼居胥山, 其山實臨瀚海. 蘇武·郭吉, 皆爲匈奴所幽, 寘諸北海之上. 而《唐史》又言, "突厥部北海之北有骨利幹國, 在海北岸." 然則《詩》·《書》所稱四海, 實環華裔而四之, 非寓言也. 然今甘州有居延海, 西寧有青海, 雲南有滇海, 安知漢唐人所見之海, 非此類邪?

구주(九州)

구주라는 명칭은 《상서》 〈우공〉에서 처음 보인다. 《주례》 〈직방씨〉의 주석에는 "신농씨 이전부터 크게 구주 · 주주 · 영주 · 신주 등이 있었다. 황제 이후로 덕이 멀리까지 미치지 못해 신주의 안쪽 지역만을 나누어 구주로 삼았다. 대개 천하는 구주인데 옛날의 제왕들은 모두 이를 다스렸으나 후대에는 덕이 얇아져서 신주를 다스리는 데 그쳤다. 신주는 동남쪽 한 주다"라고 했다. 이러한 근거 없고 허황된 설명은 실로 채택할 수 없다. 그러나 중국의 거대함은 또한 그 강역의 끝이 없는 것이다. 윤경의 《양진지》는 《한서》 〈지리지〉를 인용해서 "황제가 바야흐로 만리를 제압하고 들판의 경계를 획정하여 주를 나누어서 100리의 영역을 가진 많은 나라를 얻었다"고 했지만 우임금의 구주 안에서만 끝나지 않았을 것으로 의심된다. 또 "오늘날의 관점에서 탁록은 동북쪽의 가장 끝에 있는 땅인데 황제가 이곳에 도읍을 세웠고, 부산은 국경 위에 있는 작은 산인데 황제가 이곳에서 조회했다고 하니 당시 번국이 서북쪽에 있었던 것을 알 수 있다"고 했다. 진 · 한 이래로 이주와 우문의 부류 같은 흉노의 여타 부족은 때때로 황제를 자신들의 근본으로 삼았으니 창의의 후예를 일컬었던 것 또한 하나의 증거다. 그 후 창의가 약수의 제후가 되었고 앞당겨 제위를 이양했는데 홍수의 재해로 천하가 분절되는 상황에 이르자 제후 중에 조회하지 않는 자가 있었다. 《상서》를 살펴보건대 우임금은 구주를 구별했는데 순임금이 새로 만든 12주를 나누어서 유주 · 병주 · 영주로 만든 것이 모두 기주의 동북쪽에 있었다. 틀림없이 앞서 만든 것을 없애서 합쳐 버리고 뒤에 새로 설치했으며 그 앞의 것을 멀리하고 뒤에 만든 것을 이용했을 것이다. 그리고 이 세 주 이외에는 순임금도 어쩔 수 없이 가지고 있었던 것이다. 이것이 후세의 영토 넓이가 우임금이 성취한 구주 안에 그치고, 천지의 기세도 서북쪽으로부터 동남쪽으로 향하게 되며, 나날이 황무지를 개척했어도 오늘날까지 오히려 끝나지 않은 까닭이다.

九州之名, 始見於〈禹貢〉. 《周禮》 〈職方氏〉 疏曰, "自神農以上, 有大九州 · 柱州 · 迎州 · 神州之等. 至黃帝以來, 德不及遠, 惟於神州之內分爲九州. 蓋天下有九州, 古之帝者皆治之, 後世德薄, 止治神州. 神州者, 東南一州也." 此荒誕之說, 固無足采. 然中國之大, 亦未有窮其涯域者. 尹耕《兩鎭志》引《漢書》 〈地理志〉言, "黃帝方制萬里, 畫埜分州, 得百里之國萬區," 而疑不盡於禹九州之內. 且曰, "以今觀之, 涿鹿東北之極陬也, 而黃帝以之建都. 釜山塞上之小山也, 而黃帝以之合符, 則當時藩國之在其西北者, 可知也." 秦·漢以來, 匈奴他部如爾朱·宇文之類, 往往祖黃帝, 稱昌意後, 亦一證也. 厥後, 昌意降居, 帝摯遜位, 至於洪水之災, 天下分絶, 而諸侯之不朝者有矣. 以《書》考之, 禹別九州, 而舜又肇十二州, 其分爲幽·并·營者, 皆在冀之東北. 必其前閉而後通, 前距而後服者也. 而此三州以外, 則舜不得而有之矣. 此後世幅員所以止於禹迹九州之內, 而天地之氣, 亦自西北而趨於東南, 日荒日闢, 而今猶未已也.

성(姓)

성(姓)이라고 말하는 것은 오제에 뿌리를 둔다. 《춘추》에서 보이는 것은 스물두 개다. 규(嬀) 성은 우 왕조의 성으로 전욱에서 기원해 진나라를 봉읍으로 받았다. 사(姒) 성은 하 왕조의 성으로 전욱에서 기원해 기 · 증 · 월나라를 봉읍으로 받았다. 자(子) 성은 은 왕조의 성으로 고신에서 기원해 송나라를 봉읍으로 받았다. 희(姬) 성은 주 왕조의 성으로 황제에서 기원해 관 · 채 · 성 · 곽 · 노 · 위 · 모 · 염 · 고 · 옹 · 조 · 등 · 필 · 원 · 풍 · 순 · 우 · 진 · 응 · 한 · 범 · 장 · 형 · 모 · 조 · 제 · 오 · 우 · 괵 · 정 · 연 · 위 · 예 · 동 · 순 · 가 · 경 · 활 · 초 · 양 · 밀 · 수 · 파 등 여러 나라를 봉읍으로 받았다. 임나라 · 숙나라 · 수구나라 · 전유나라는 풍(風) 성으로 태호에서 기원한다. 진나라 · 조나라 · 양나라 · 서나라 · 담나라 · 강나라 · 황나라 · 갈나라 · 균나라는 영(嬴) 성으로 소호에서 기원한다. 거나라는 기(己) 성이고 설나라는 임(任) 성이다. 남연은 길(姞) 성으로 황제에서 기원한다. 두나라는 기(祁) 성으로 요당에서 기원한다. 초나라 · 기나라 · 권나라는 미(芈) 성이고 주나라와 예나라는 조(曹) 성이며 우나라 · 핍나라 · 양나라는 운(妘) 성이다. 종이씨는 동(董) 성으로 축융에서 기원한다. 제나라 · 신나라 · 여나라 · 허나라 · 기나라 · 주나라 · 향나라는 강(姜) 성으로 염제에서 기원한다. 요나라 · 육나라 · 서나라 · 서구나라는 언(偃) 성이고 자나라 · 고나라 · 요나라 · 호나라는 귀(歸) 성이다. 등나라는 만(曼) 성이고 나나라는 웅(熊) 성이며 적나라는 외(隗) 성이다. 수만은 칠(漆) 성이고 음융은 윤(允) 성이며 여섯 개는 그 기원하는 바가 자세하지 않다. 대략 한두 가지를 들어 논하자면 오늘날의 맹씨 · 계씨 · 손씨 · 영씨 · 유씨 · 풍씨는 모두 희 성이고, 진씨 · 전씨는 모두 규 성이며, 화씨 · 향씨 · 악씨 · 어씨는 모두 자 성이요, 최씨 · 마씨는 모두 강 성이고 굴씨 · 소씨 · 경씨는 모두 천 성이다. 전국시대 이후의 사람들부터 씨로 성을 삼았으니 오제 이래의 성은 사라졌다.

言姓者, 本於五帝. 見於《春秋》者, 得二十有二. 嬀虞姓, 出顓頊, 封于陳. 姒夏姓, 出顓頊, 封于杞 · 鄫 · 越. 子殷姓, 出高辛, 封于宋. 姬周姓, 出黃帝, 封于管 · 蔡 · 郕 · 霍 · 魯 · 衛 · 毛 · 聃 · 郜 · 雍 · 曹 · 滕 · 畢 · 原 · 酆 · 郇 · 邘 · 晉 · 應 · 韓 · 凡 · 蔣 · 邢 · 茅 · 胙 · 祭 · 呉 · 虞 · 虢 · 鄭 · 燕 · 魏 · 芮 · 彤 · 荀 · 賈 · 耿 · 滑 · 焦 · 楊 · 密 · 隨 · 巴諸國. 任·宿·須句·顓臾, 風姓也, 自太皥. 秦·趙·梁·徐·郯·江·黃·葛·麇, 嬴姓也, 自少皥. 莒, 已姓. 薛, 任姓. 南燕, 姞姓也, 自黃帝. 杜, 祁姓也, 自陶唐. 楚·夔·權, 芈姓. 邾·郳, 曹姓, 鄅·偪·陽, 妘姓. 鄋夷, 董姓也, 自祝融. 齊·申·呂·許·紀·州·向, 姜姓也, 自炎帝. 蓼·六·舒·舒鳩, 偃姓也. 自·咎·繇·胡, 歸姓. 鄧, 曼姓. 羅, 熊姓. 狄, 隗姓. 鄋瞞, 漆姓. 陰戎, 允姓, 六者不詳其所出. 畧擧一二論之, 則今之孟氏·季氏·孫氏·甯氏·游氏·豐氏皆姬, 陳氏·田氏皆嬀, 華氏·向氏·樂氏·魚氏皆子, 崔氏·馬氏皆姜, 屈氏·昭氏·景氏皆芊. 自戰國以下之人, 以氏爲姓, 而五帝以來之姓亡矣.

씨족(氏族)

《예기대전정의》에는 "제후는 경(卿)과 대부(大夫)에게 씨(氏)를 하사한다. 동성(同姓)이면 공의 아들은 공자(公子)로 부르고 공자의 아들은 공손(公孫)으로 부르며 공손의 아들은 그 친밀함이 이미 멀어져 공(公)까지 올라가 연결할 수 없기 때문에 그 할아버지의 자(字)로 씨명을 삼는다. 만일 정실부인의 아들일 경우 (대부가 되려면) 50세가 돼서야 관례를 하고 자신의 자를 부르며 백(伯)·중(仲)으로 씨명을 삼는다고 했는데 노나라의 중손씨·계손씨 같은 것이 이런 예다. 서자와 첩의 자식일 경우 20세에 관례를 하고 자신의 자로 씨명을 삼는다고 했는데 전씨·장씨가 이런 경우다. 만약 성이 다를 경우 아버지와 할아버지의 관직과 식읍으로 씨명을 삼는데, 관직으로 씨명을 삼은 예로는 사마씨·사성씨가 있고, 식읍으로 씨명을 삼은 예로는 한씨·위씨·조씨가 있다. 씨와 족은 대부분 경이 되어서야 하사받은 것이다. 큰 공덕을 이룬 자는 살아 있을 때 족명을 하사받는데 숙손득신(叔孫得臣)의 경우가 이런 예다. 비록 공자의 신분이더라도 큰 공덕이 있으면 공자의 자를 하사받아 족명을 삼는데 중수(仲遂)의 경우가 이것이다. 공덕이 없고 죽은 뒤에 족명을 하사받는 경우로는 무해(無駭)가 있다. 그 자손이 만약 경이 되어도 임금이 족명을 하사하지 않으면 그 자손들부터는 할아버지의 자로 족명을 삼는다. 씨와 족은 공덕으로 구별하니 공덕이 없으면 씨와 족은 같다. 그러므로 《좌전》에 '(은공이) 중중에게 족을 묻고' 하명하여 '(무해의) 자로 족명을 삼아 전씨로 하라고 했다'고 한 것이 이 말이다. 성과 씨도 공덕이 없으면 같아지니 《춘추》에 '강씨 · 자씨에서 강과 자는 모두 성이지만 씨라고 말한다'라고 한 것이 이 말이다"라고 했다. 전국시대 사람들은 일반적으로 오히려 씨와 족을 구별했고 한나라 사람들은 같은 뜻으로 성만 불렀다. 그러나 씨족의 호칭은 오히려 남아 있었다. 《한서》〈은택후표〉에는 "포로절후공 자관이 노경공의 현손의 현손으로 주나라의 제사를 받들었고 한나라 평제 원시 원년 6월 병오일에 자상여가 봉읍을 받아 후사를 이었으니 성을 공손씨로 고친 뒤 다시 고쳐 희씨가 되었다"라고 했다. 공자와 공손은 씨고 희는 성이다. 이것이 씨를 바꾸어서 성으로 호칭한 한 가지 증거다.

《禮記大傳正義》 "諸侯賜卿大夫以氏. 若同姓, 公之子曰公子, 公子之子曰公孫. 公孫之子, 其親已遠, 不得上連於公, 故以王父字爲氏. 若適夫人之子, 則以五十字伯·仲爲氏, 若魯之仲孫·季孫, 是也. 若庶子妾子, 則以二十字爲氏, 則展氏·臧氏, 是也. 若異姓, 則以父祖官及所食之邑爲氏. 以官爲氏者, 則司馬·司城, 是也, 以邑爲氏者, 若韓·趙·魏, 是也. 凡賜氏族者, 比爲卿乃賜. 有大功德者, 生賜以族, 若叔孫得臣, 是也. 雖公子之身, 若有大功德, 則以公子之字賜以爲族, 若仲遂, 是也. 其無功德死後乃賜族, 若無駭, 是也. 其子孫若爲卿, 其君不賜族, 子孫自以王父字爲族也. 氏·族對文爲別, 散則通也. 故《左傳》云, '問族於衆仲.' 下云'公命以字爲展氏.' 是也. 其姓與氏, 散亦得通, 故《春秋》有'姜氏子氏, 姜子皆姓, 而云氏, 是也.'" 戰國時人, 大抵猶稱氏族, 漢人則通謂之姓. 然氏族之稱猶有存者. 《漢書》〈恩澤侯表〉"褒魯節侯公子寬, 以魯頃公玄孫之玄孫, 奉周祀, 元始元年六月丙午封子相如嗣, 更姓公孫氏, 後更爲姬氏." 公子·公孫, 氏也, 姬, 姓也. 此變氏稱姓之一證.

7. 박문(博聞)에 관해

토항(土炕)

북방 사람들은 흙으로 침상을 만들고 그 밑을 비워 불을 지피는데 항(炕)으로 부른다. 옛 책에는 기재되어 있지 않다. 《좌전》에 "송나라의 환관 유는 (원공이) 자리를 지키고 있으면 숯불을 지피고 나가 버리면 숯불을 치웠다"고 했고 《신서》에는 완춘이 위영공에게 "임금은 여우 가죽으로 옷을 해 입고 곰 가죽으로 만든 자리에 앉으며 방 서남쪽 구석에 조왕신을 모신다"라고 했으며 《한서》 〈소무전〉에는 "땅을 파서 구덩이를 만들어 숯불을 놓아둔다"라고 했는데 이것들은 대체로 비슷하긴 해도 항은 아니다. 《구당서》 〈동이고려전〉에는 "겨울철에는 모두 긴 구들을 만들고 아래에 숯불을 지펴 난방한다"라고 했다. 이것이 오늘날의 토항인데 '갱'자로만 쓴다. 《수경주》에는 "토은현에 관계사가 있는데 절 안에 있는 큰 법당은 아주 높고 넓어서 1000명의 승려들을 수용할 수 있다. 아래는 전부 돌로 연결해 놓고 위에는 흙을 덧칠해 놓아 바닥으로 온기가 소통할 수 있다. 그 뻗어 나간 통로가 골고루 퍼져 있고 법당 밖부터 시작해서 사방으로 불길이 나오고 불꽃의 기세가 안으로 흘러들어 법당 전체가 전부 따뜻해진다"라고 했는데 이것이 오늘날 사람들의 난방하는 방식이니 형식과 모양은 이미 완성되었던 것이다.

北人以土爲牀, 而空其下以發火, 謂之炕. 古書不載. 《左傳》 "宋寺人柳, 熾炭于位, 將至則去之." 《新序》 宛春謂衛靈公曰, "君衣狐裘, 坐熊席, 陬隅有竈." 《漢書》 〈蘇武傳〉 "鑿地爲坎, 置熅火." 是蓋近之, 而非炕也. 《舊唐書》 〈東夷高麗傳〉 "冬月皆作長坑, 下然熅火以取煖." 此即今之土炕也, 但作坑字. 《水經注》 "土垠縣有觀雞寺, 寺內有大堂甚高廣, 可容千僧. 下悉結石爲之, 上加塗墍, 基內疏通. 枝經脈散, 基側室外, 四出爨火, 炎勢內流, 一堂盡溫." 此今人煖房之制, 形容盡之矣.

행등(行縢)

《시》의 "사핍(邪幅)은 그 아래에 있다"를 《전》에서는 "사핍이란 오늘날의 행등과 같다. 핍은 정강이에 묶는데 발부터 무릎까지다"라고 했다. 《좌전》에는 "혁대[帶] · 치마[裳] · 행전[幅] · 신발[舄]"이라고 했는데 그 주해에도 동일하게 핍으로 쓰여 있다. 《예기》에는 "행전을 치고 신을 신고 끈을 매다"라고 했고 《석명》에는 "핍은 모아 묶었기 때문에 오늘날 행등이라고 한다. 다리에 얽어매는 것으로 말하자면 이렇게 할 경우 뛰어오르는 데 가볍고 편리하다"라고 했다. 《전국책》에는 "소진이 초췌하게 무릎에 헝겊을 감고 책 보따리를 둘러멘 채"라고 했고 《오지》에는 "여몽이 병사들을 위해서 장군이 입는 붉은 옷[絳衣]과 행등을 만들었다"라고 했다. 《구당서》에는 "덕종이 낙곡으로 들어갔을 때 장마를 만나게 되어 길이 진흙탕이 되고 낭떠러지가 미끄럽게 되자 호위 무사들 대부분은 도망쳐서 주자에게 귀순했다. 동천절도사 이숙명의 아들 승과 곽자의의 아들 서, 영호건의 아들 창 등 6인은 간사한 무리들이 어가[乘輿]를 위협하는 일이 있을 것으로 걱정하여 서로 팔을 깨물어 혈맹을 맺고 행등과 나막신을 착용하고 재갈을 고쳐 잡아 말에 올라타서 양주에 이르렀으니 다른 사람들이 모두 근접할 수 없었다. 마침내 경사로 돌아오자 황제가 이들 모두를 금위장군으로 삼고 특별히 대우함이 매우 도타웠다"라고 했다.

《詩》"邪幅在下."《箋》云, "邪幅, 如今行縢也. 偪束其脛, 自足至膝."《左傳》"帶·裳·幅·舄."註同, 亦作偪.《禮記》"偪屨著綦."《釋名》"偪所以自逼束, 今謂之行縢, 言以裹脚, 可以跳騰輕便也."《戰國策》"蘇秦, 羸縢負書擔囊"《吳志》"呂蒙爲兵, 作絳衣行縢."《舊唐書》"德宗入駱谷, 值霖雨, 道塗險滑, 衛士多亡歸朱泚. 東川節度使李叔明之子昇, 及郭子儀之子曙·令狐建之子彰等六人, 恐有姦人危乘輿, 相與齧臂爲盟, 著行縢釘鞵, 更鞚上馬, 以至梁州, 它人皆不得近. 及還京師, 上皆以爲禁衛將軍, 寵遇甚厚."

시(寺)

시(寺)라는 글자는 예부터 오늘날까지 크게 세 번 뜻이 바뀌었다. 삼대까지 일반적으로 시라고 말하는 것은 모두 환관과 내시[奄豎]의 명칭이었다. 《주례》〈시인〉의 주해에는 "모시는 것을 시라고 한다"고 했고 《시》에서 말하는 "시인(寺人) 맹자", 《주역》의 "혼시(閽寺)", 《시》의 "부시(婦寺)", 《좌전》의 "시인 초, 시인 피, 시인 맹장, 시인 혜장이려, 시인 유, 시인 나"라고 한 것이 모두 이 말이다. 진나라 때부터 환관에게 외정(外廷)의 일을 맡겼기에 환관의 집을 보통 시라고 불렀다. 한나라 사람들은 태상(太常)·광록훈(光祿勳)·위위(衛尉)·태복(太僕)·정위(廷尉)·대홍(大鴻)·여종정(臚宗正)·대사농(大司農)·소부(少府)로 구시(九寺)를 삼았다. 또한 그 뜻이 변해서 승려들의 거처 또한 사(寺)라고 불렀다.

寺字, 自古至今凡三變. 三代以上, 凡言寺者, 皆奄豎之名. 《周禮》 〈寺人〉註, "寺之言侍也." 《詩》云, "寺人孟子." 《易》之閽寺, 《詩》之婦寺, 《左傳》"寺人貂, 寺人披. 寺人孟張, 寺人惠牆伊戾, 寺人柳, 寺人羅." 皆此也. 自秦以宦者, 任外廷之職, 而官舍通謂之寺. 漢人以太常·光

祿勳 · 衛尉 · 太僕 · 廷尉 · 大鴻 · 臚宗正 · 大司農 · 少府爲九寺. 又變而浮屠之居, 亦謂之寺矣.

성(省)

13포정사사(布政使司)는 오늘날 사람들이 13성(省)으로 부르는 것인데 원나라의 구제도를 따라서 잘못 부른 것이다. 원나라 시대에 행중서성(行中書省)을 만든 것이 11곳인데, 요양 · 진동 · 섬서 · 사천 · 하남강북 · 운남 · 강절 · 강서 · 호광 · 감숙 · 영북 등의 지역에 설치했다. 명나라 초에 원나라의 제도를 그대로 따라 행중서성을 세웠다. 홍무 7년 경기와 응천 등의 부(府)를 직접 6부(六部)에 부속시키고 행중서성을 개편하여 포정사사로 만들었다. 오늘날 마땅히 13포정사사로 불러야 하며 성이라고 불러서는 안 된다.

十三布政使司, 今人謂之十三省者, 沿元之舊而誤稱之也. 元時爲行中書省者十一, 曰遼陽等處, 曰鎭東, 曰陝西等處, 曰四川等處, 曰河南江北等處, 曰雲南等處, 曰江浙等處, 曰江西等處, 曰湖廣等處, 曰甘肅等處, 曰嶺北等處. 國初, 沿元制, 立行中書省. 洪武七年, 以京畿 · 應天等府, 直隸六部, 改行中書省爲布政使司, 今當稱十三布政司, 不當稱省.

말타기(騎)

《시》에 "고공단보가 아침에 말을 달려와서"라고 했는데 옛날에는 말로 전차를 몰았기에 달렸다고 말할 수 없다. 달렸다고 말하는 것은 따로 말만 탔다는 것[單騎]을 지칭한다. 고공단보의 나라는 서쪽의 융적에 이웃했기에 그 풍습이 오히려 똑같은 것이 있었다. 그러므로 말타기와 활쏘기는 조나라 무령왕부터 시작하지 않았다. 《좌전》에는 "소공 25년 좌사전은 소공을 말에 태워 본국으로 돌아오려고 했다" 하고 《정의》에는 "옛날에는 소를 길들이고 말을 탔으며 말로 전차를 끌게 했기에 따로 말만 타지 않았다"라고 했다. 전국시대에 이르러 비로소 따로 말만 타기 시작했으니 소진이 "전차 1000승, 기마 1만 필"이라고 말한 것이 이 말이다. 《예기》 〈곡례〉에 "앞에 거기(車騎)가 있다"고 했는데 《예기》는 한나라 시대의 책일 뿐 경전에는 기(騎)라는 글자가 없다. 유현은 "좌사전이 소공을 말에 태워 본국으로 돌아오려고 할 때 소공에게 따로 말만을 주어서 본국으로 돌아가게 하고자 한 것"이라고 했으니 이것이 따로 말을 타기 시작한 계기다.

춘추시대에 거칠고 다스려지지 않는 지역 중 중원에 흩어져 사는 자들은 대체로 모두 산과 계곡 사이에 있어서 전차가 이르지 못했다. 제나라 환공과 진나라 문공이 가까스로 물리쳤어도 그 지역에 깊숙이 들어갈 수 없었던 것은 전차를 사용했기 때문이다. 진나라의 중항목자가 북방의 무종을 태원에서 패주시킬 수 있었던 것은 전차를 버리고 보졸을 중시했기 때문이다. 또 지백이 구를 정벌하려고 오히려 왕실 보물인 대종(大鐘)을 보내 준다고 해서 그 길을 열었으니 전차에 불리했음을 알 수 있다. 형세가 어쩔 수 없이 변해서 말을 탔으니 말타기와 활쏘기는 산과 계곡에서 편리하고, 호복으로 복장을 바꾸는 것은 말타기와 활쏘기에 편리했기 때문이다. 따라서 공자 성의 무리는 호복으로 복장을 바꾸는 일을 간언했어도 말타기와 활쏘기를 간언하지 않았기 때문에 말타기와 활쏘기의 방법은 무령왕에 앞서서 이를 사용한 자가 있었을 것으로 생각된다. 기마는 공격에 유리하고 전차는 수비에 유리하기에 대장군 위청은 적을 만나서 무강거(武剛車)를 원형으로 배치하여 진영을 만들었던 것이다. 《사기》〈항우본기〉에서 홍문의 회합을 서술하면서 "패공은 전차와 말을 버려둔 채 몸만 빠져나와 홀로 말에 오르니"라고 했는데 앞에

'전차와 말'이라고 한 것은 전차를 모는 말이고, 올 때 타고 온 것이다. 뒤에 '홀로 말에 오르니'라고 한 것은 단독으로 탔던 말이고, 갈 때 말에 걸터앉았다는 것이다. 번쾌 · 하후영 · 근강 · 기신 네 사람은 모두 도보로 도망갔다. 《전한서》〈번쾌전〉에 "패공이 전차와 말을 남겨두고 홀로 말에 올랐고 번쾌 등 네 사람이 도보로 따랐다"라고 한 것이 이 말이다.

《詩》云, "古公亶父, 來朝走馬." 古者, 馬以駕車, 不可言走, 曰走者, 單騎之稱. 古公之國, 鄰西戎翟, 其習尚有相同者. 然則騎射之法, 不始於趙武靈王也. 《左傳》 昭公二十五年, "左師展將以公乘馬而歸." 《正義》曰, "古者, 服牛乘馬, 馬以駕車, 不單騎也." 至六國之時, 始有單騎, 蘓秦所云, "車千乘, 騎萬匹." 是也. 〈曲禮〉云, "前有車騎者." 《禮記》漢世書耳, 經典無騎字也. 劉炫謂, "此左師展將以公乘馬而歸, 欲共公單騎而歸." 此騎馬之漸也.

春秋之世, 荒服之散居於中夏者, 大抵皆在山谷之間, 兵車之所不至. 齊桓 · 晉文, 僅攘而郤之 · 不能深入其地者, 用車故也. 中行穆子之敗無終於太原, 得之毁車崇卒. 而智伯欲伐仇, 猶遺之大鐘以開其道, 其不利於車, 可知矣. 勢不得不變而爲騎, 騎射所以便山谷也, 變服所以便騎射也. 是以公子成之徒諫變服而不諫騎射, 意騎射之法, 必有先武靈而用之者矣. 騎利攻, 車利守, 故衛將軍之遇敵, 以武剛車自環爲營.《史記》〈項羽本紀〉叙鴻門之會曰, "沛公則置車騎, 脱身獨騎." 上言車騎, 則車駕之馬, 來時所乘也. 下言獨騎, 則單行之馬, 去時所跨也. 樊噲·夏侯嬰·靳彊·紀信四人則皆步走也.〈樊噲傳〉曰, "沛公留車騎, 獨騎馬, 噲等四人步從." 是也.

나귀와 노새(驢贏)

진나라까지 전하는 기록에 나귀[驢]라는 말이 없는 것은 비록 나귀가 있었어도 인가에서 늘 기르던 것이 아니었기 때문으로 생각된다. 《일주서》에는 "이윤이 헌령이 되자 정북 · 공동 · 대하 · 사거 · 흉노 · 누번 · 월지 등 여러 나라가 낙타[橐駝] · 야생마 · 도도(騊駼) · 결제(駃騠)를 바쳤다"라고 했다. 《여씨춘추》에는 "조간자는 두 필의 흰 노새[白騾]를 가지고 있어 이를 매우 사랑했다"라고 했고 《사기》에서 이사의 〈상진왕서〉에는 "결제와 같은 준마"라고 했으며 추양의 〈상양왕서〉에도 "연왕이 검을 살펴보더니 크게 노하여 결제를 잡아먹어 버렸다"라고 했다. 따라서 귀중하고 얻기 힘든 물건이었다. 《한서》에서 사마상여의 〈상림부〉에는 "도도, 낙타, 공공, 탄혜(驒騱), 결제, 나귀와 노새"라고 했고 《고문원》에서 왕포의 〈동약〉에는 "말과 나귀를 잘 보살피는 일은 더불어 세 가지 종류의 예식[三重]을 이루는 것이다"라고 했으니 그 명칭이 처음으로 글에 보인다. 그리고 《사기》에서 가의의 〈조굴원부〉에는 "지친 소에 멍에를 씌우고 절름거리는 나귀를 곁마로 삼는구나"라고 했고 〈일자열전〉에도 "기기(騏驥)는 비루먹은 노새나 수레를 끄는 말과 짝지을 수 없다"고 했다. 《한서》에서 동방삭의 〈칠간〉에는 "허리에 멍에를 두르고 허둥지둥하는구나. 낙타에 멍에를 씌워 수레를 모는 것 같구나"라고 했고 유향의 〈구탄〉에는 "기기를 타고 도망가도 뱅뱅 맴도는구나. 나귀와 노새에 올라타 달려가 쫓을까"라고 했으며 양웅의 〈반이소〉에는 "화류(驊騮)를 타고 달려도 어렵구나. 노새와 나귀를 둔한 말과 묶어 발을 맞추어야 하는구나"라고 했으니 그렇다면 비루해서 그리 쓸모가 없었던 것이다. 일찍이 나귀가 사용된 일을 생각해 보면 한나라에 이르러서야 이름 붙여진 것이다.

한무제에 이르러 상림을 채울 수 있었고 효령제에 이르러서야 귀해지고 사랑받았으나 그 종자는 대체로 변경에서 나온 것으로 조나라 무령왕이 말타기와 활쏘기를 시작한 후부터 점차 중국에서 쓰였다. 《염철론》에 "노새, 나귀, 낙타가 꼬리에 꼬리를 물고 국경을 넘어오고 탄해와 절따말[驒馬]은 우리 가축이 될 수 있다"고 했고 《후한서》에서 두독의 〈논도부〉에는 "누진을 사로잡고 나려를 몰며 완마를 부리고 결제를 채찍질한다"라고 했다. 《한서》 〈곽거병전〉에는 "선우가 마침내 여섯 마리의 노새를 탔다"고 했고 〈흉노전〉에는 "기이한 가축으로 낙타, 나귀와 노새, 결제, 도도, 탄해가 있다"고 했으며 〈서역전〉에는 "선선국은 나귀와 말을 가지고 있고 낙타가 많은데 오모국은 나귀만 있고 소가 없다. 그리고 구자국(신강)의 왕은 한나라 왕실의 의례를 배워 외국인이 모두 '나귀이면서도 나귀가 아니고 말이면서도 말이 아니니 구자국의 왕 같은 사람은 말하자면 노새다'라고 했다"라고 되어 있으니 외국에서는 이런 종자를 많이 생산했음을 알 수 있지만 한나라 사람들에게는 기이한 가축이었을 뿐이다.

自秦以上, 傳記無言驢者, 意其雖有而非人家所常畜也. 《逸周書》 "伊尹爲獻令, 正北·空同·大夏·莎車·匈奴·樓煩·月氏諸國, 以橐駝·野馬·騊駼·駃騠爲獻." 《呂氏春秋》 "趙簡子有兩白騾甚愛之." 李斯 〈上秦王書〉 言, "駿良駃騠." 鄒陽 〈上梁王書〉 亦云, "燕王按劍而怒, 食以駃騠." 是以爲貴重難得之物也. 司馬相如 〈上林賦〉"騊駼·橐駞·蛩蛩·驒騱·駃騠·驢蠃." 王褒 〈僮約〉 "調治馬驢, 兼落三重." 其名始見於文. 而賈誼 〈弔屈原賦〉"騰駕罷牛兮驂蹇驢." 〈日者列傳〉 "騏驥不能與罷驢爲駟." 東方朔 〈七諫〉 "要褭奔亡兮騰駕橐駞." 劉向 〈九歎〉 "郤騏驥以轉運兮, 騰驢蠃以馳逐." 揚雄 〈反離騷〉 "騁驊騮以曲囏兮, 驢騾連蹇而齊足." 則又賤之爲不堪用也. 嘗考驢之爲物, 至漢而名.

至孝武而得充上林，至孝靈而貴幸，然其種大抵出於塞外，自趙武靈王騎射之後，漸資中國之用.《鹽鐵論》"贏驢馲駞，銜尾入塞，驒奚騵馬，盡爲我畜." 杜篤〈論都賦〉"虜僂侲，驅騾驢，馭宛馬，鞭駃騠." 〈霍去病傳〉"單于遂乘六贏." 〈匈奴傳〉"其奇畜則槖駞·驢贏·駃騠·騊駼·驒奚." 〈西域傳〉"鄯善國有驢馬，多槖它，烏秅國有驢無牛. 而龜兹王學漢家儀，外國人皆曰，'驢非驢，馬非馬，若龜兹王，所謂贏也.'" 可見外國之多產此種，而漢人則以爲奇畜耳.

소황(燒荒)

변방을 수비하는 장병들은 매년 가을에 풀이 메마르면 요새에서 나와 불을 놓는데 이를 소황이라고 부른다. 《당서》에 "거란이 매번 유주와 계주에 침입하여 약탈했는데 유인공이 매년 요새 아래의 건초에 불을 놓아 그들이 머물러 방목할 수 없도록 하자 말이 무수히 죽고 거란이 마침내 동맹을 애걸했다"고 했는데 이 말이다. 그 방법은 전국시대부터 이미 있었다. 《전국책》에는 공손연이 의거족의 군주에게 "중국의 각 제후들이 진나라를 치려 하지 않으면 진나라는 그대의 나라를 불태워 버리고 뺏을 것이오"라고 했다. 명나라 《영종실록》을 보면 정통 7년 11월, 금의위 지휘첨사 왕영은 황제에게 "오랑캐를 방어하는 데 소황보다 좋은 것은 없습니다. 대개 오랑캐가 의지하는 것은 말이고 말이 의지하는 것은 건초인데 요사이 소황의 범위가 멀게는 100리에 불과하고 가깝게는 50~60리에 불과하기에 적의 말이 와서 침략하는 데 반나절이면 다다를 수 있습니다. 변방의 장수들에게 가을이 깊어지면 약속한 날짜에 병사들을 이끌고 함께 수백 리 밖으로 출격하여 불을 놓아 다 태워 버리도록 칙령을 내려주시면 적의 말이 의지할 수 있는 수초가 없어질 것입니다. 이렇게 한다면 비록 우리에게 일시적인 고단함이 있을지라도 겨울 내내 앉거나 누워서 편안히 있을 수 있습니다"라고 아뢰었고, 한림원 편수 서정도 황제에게 "매년 9월이 끝나면 군영에 머무는 장수와 관리에게 변방을 순찰토록 칙령을 내리십시오. 세 가지 길로 나누어 하나는 선부진으로 출격하여 적성과 독석을 방어하고 다른 하나는 대동진으로 출격하여 만전을 방어하며 나머지 하나는 산해관으로 출격하여 요동을 방어합니다. 각각 국경에서 300~500리를 출격하여 소황하고 망을 보는 것입니다. 그러면 만일 변방의 도적이 출몰하는 일을 당해도 즉각 서로 도와 방어할 수 있습니다. 이것이 이전 왕조의 소황이라는 옛 제도로 변방을 수비하는 정말 좋은 방법입니다"라고 주청했다.

守邊將士, 每至秋月草枯, 出塞縱火, 謂之燒荒. 《唐書》"契丹每入寇幽·薊, 劉仁恭歲燎塞下草, 使不得留牧, 馬多死, 契丹乃乞盟." 是也. 其法自七國時已有之, 《戰國策》公孫衍謂義渠君曰, "中國無事於秦, 則秦且燒焫獲君之國." 《英宗實録》 正統七年十一月, 錦衣衛指揮僉事王瑛言, "禦邊莫善於燒荒. 蓋邊之所恃者馬, 馬之所恃者草, 近年燒荒, 遠者不過百里, 近者五六十里, 敵馬來侵, 半日可至. 乞敕邊將遇秋深, 率兵約日, 同出數百里外縱火焚燒, 使敵馬無水草可恃. 如此則在我雖有一時之勞, 而一冬坐臥可安矣." 翰林院編修徐理亦請, "每年九月盡, 勅坐營將官巡邊. 分爲三路, 一出宣府, 抵赤城·獨石, 一出大同, 抵萬全, 一出山海, 抵遼東. 各出三五百里, 燒荒哨瞭. 如遇邊寇出沒, 即相機防禦. 此先朝燒荒舊制, 誠守邊之良法也."

대나라(代)

춘추시대 대나라는 아직 중국과 소통하지 못했다. 《사기》에는 "조양자가 마침내 말하길 '상산의 위에서 대나라를 내려다보았는데 대나라는 뺏을 수 있을 것 같다'고 했다"라고 되어 있다. 《정의》에는 "《지도기》에 '항산은 곡양현 서북쪽 140리 위에 있고 북쪽으로 450리를 가면 항산 압에 도달하는데 비호구(飛狐口)라고 부르며 북쪽으로 대군(代郡)이다'라고 했다"고 되어 있고 《수경주》에는 매복상사(梅福上事)를 인용하여 "대곡이라는 것은 그 남쪽에 항산이 있고 그 북쪽에 북새가 있으니 대곡을 가운데로 해서 상곡은 동쪽에 있고 대군은 서쪽에 있다"고 했다. 이렇다면 오늘날의 울주(蔚州)가 옛날 대나라이며, 항우가 조나라 왕 헐을 이곳으로 옮겨 대나라 왕으로 삼았고, 헐이 다시 진여를 세워 대나라 왕으로 삼았으며, 한나라 고조가 자신의 형 유중을 세워 대나라 왕으로 삼았으니 모두 이 땅이다. 한고조 10년 진희가 모반하여 11년에 진희를 격파하고 아들 항을 세워 대나라 왕으로 삼아 진양에 도읍하니 오늘날의 태원현이다. 《사기》〈효문기〉에도 "중도에

도읍했다. 문제가 태원을 지날 적에 진양과 중도에 2년간 요역과 부세를 면제해 주었고 또 아들 무를 세워 대나라 왕으로 삼아 중도에 도읍했다"고 하니 오늘날의 평요현이다. 또 살펴보자면 위관은 대나라 대릉 사람이다. 대릉은 오늘날 문수현 북쪽에 있는데도 대나라에 속했으니 대나라가 중도에 도읍했기 때문이다. 대나라는 세 번 도읍을 옮겼는데 모두 오늘날의 대주(代州)가 아니다. 오늘날 대주의 명칭은 수나라 때 시작됐다.

春秋時, 代尚未通中國. "趙襄子乃言, 從常山上臨代, 代可取也." 《正義》曰, "《地道記》云, '恒山在上曲陽縣西北一百四十里, 北行四百五十里得恒山岋, 號飛狐口, 北則代郡也.'" 《水經注》引梅福上事曰, "代谷者, 恒山在其南, 北塞在其北, 谷中之地, 上谷在東, 代郡在西." 此則今之蔚州, 乃古代國, 項羽徙趙王歇爲代王, 歇更立陳餘爲代王, 漢高帝立兄劉仲爲代王, 皆此地也. 十年, 陳豨反, 十一年, 破豨, 立子恒爲代王, 都晉陽, 則今之太原縣矣. 〈孝文紀〉則云, "都中都. 而文帝過太原, 復晉陽·中都二歲, 又立子武爲代王, 都中都." 則今之平遙縣矣. 又按, 衛綰, 代大陵人. 大陵今在文水縣北而屬代, 代都中都故也. 代凡三遷, 而皆非今代州. 今代州之名自隋始.

어찌하리오?(柰何)

'내하(柰何)'라는 두 글자는 《상서》〈오자지가〉의 "다른 사람의 위에 있는 자가 어찌 공경하지 않을 수 있으리오?"에서 비롯되었다. 《좌전》에는 "나라가 곧 망하게 되었는데(河魚腹疾) 어찌하리오?"라고 했고 《예기》〈곡례〉에는 "나라의 군주가 그 나라를 버리려 하면 말리면서 말하길 '어찌 사직을 버리려고 하는가?'라고 하고 대부가 그러면 '어찌 종묘를 버리려고 하는가?'라고 하고 사가 그러면 '어찌 분묘를 버리려고 하는가?'라고 말한다"라고 했다. 《초사》〈구가〉에는 "대사명은 사람을 근심스럽게 하니 어찌하리오?"라고 했고 〈구변〉에는 "임금께서 알지 못하니 어찌할 수 있겠는가?"라고 했으니 이것이 '내하(柰何)'라는 두 글자의 근본이다. 《좌전》의 〈화원지가〉에는 "소는 가죽이 있고 무소와 외뿔 소도 아직 많은데 갑주를 버렸다고 어쩌겠는가"라고 했는데 간략하게 말하면 나(那)이고 좀 더 길게 말하면 내하(柰何)이지만 같은 것이다. 또한 《상서》의 "다섯 가지 홀을 어찌하랴"를 정강성은 "어찌하여 마침내 돌려주었다"로 읽었다. 《논어》에는 "나도 어찌할 수 없을 뿐이다"라고 했는데 그 음 또한 내(柰)와 같다.

柰何二字, 始於〈五子之歌〉"爲人上者, 柰何不敬."《左傳》"河魚腹疾柰何?"〈曲禮〉曰, "國君去其國, 止之, 曰柰何去社稷也? 大夫曰, 柰何去宗廟也? 士曰, 柰何去墳墓也?"《楚辭》〈九歌〉"大司命, 愁人兮柰何?"〈九辯〉"君不知兮可柰何?" 此柰何二字之祖.《左傳》〈華元之歌〉曰, "牛則有皮, 犀兕尚多, 棄甲則那." 直言之曰那, 長言之曰柰何, 一也. 又《書》"如五器." 鄭康成讀"如爲乃箇反."《論語》"吾末如之何也已矣." 音亦與柰同.

망(亡)

망에는 세 가지 뜻이 있다. 죽은 것을 이르는 경우로 《중용》의 "돌아가신 분을 섬기기를 살아 계신 듯 섬기는 것"이 이 말이고, 밖으로 도망 다니는 것을 이르는 경우로 "진나라 공자를 망명한 사람[亡人]으로 부른다"가 이 말이며, 단지 부재중인 것을 이르는 경우로 《시》의 "나의 임 여기에 없고"와 《논어》의 "공자는 양호가 자리에 없는 때를 타서 인사하려고 했다"가 이 말이다.

亡有三義. 有以死而名之, 《中庸》 "事亡如事存." 是也. 有以出奔於外而名之, "晉公子稱亡人." 是也. 有但以不在而名之, 《詩》 "予美亡此." 《論語》 "孔子時其亡也, 而往拜之." 是也.

누가 어찌하는가?(誰何)

《시》에는 "집안사람들이 번갈아 가며 나를 저지[摧]하는구나"라고 했는데 한유의 시에는 유(讙)로 쓰여 있고 옥편에는 퇴(䧜)로 쓰여 있으니 정(丁)을 혀를 반만 돌려 발음하면 적(謫)이 된다. 《육도》에는 "아군의 영루 위에서 누가 어찌하는지를 끊임없이 경계하도록 명령하라" 했고 《사기》에서 가의의 〈과진론〉에는 "날카로운 병장기를 펼쳐 놓고 누구냐(誰何)고 물으면서 검문했다"라고 했는데 수(誰)는 유(讙)와 같고 하(何)는 아(呵)와 같다. 《한서》 〈오행지〉의 "공거(公車)와 대수졸(大誰卒)을 주관한다"는 그 주해에서 "대수는 주로 수상한 사람을 검문하고 이에 성명을 말하니 이것이 누구냐(誰何)다"라고 했지만 이러한 해석은 맞지 않다. 《초씨역림》에는 "이해에 어린애와 과부는 홀로 되고 외로운 처지이니 닭이 울고 개가 짖어도 감히 누구냐고 말해 주는 자도 없구나"라고 했고 《설원》에는 "백성이란 자기 지식이 열 배가 되면 오히려 다투면서 말하길 자기만 못하다고 합니다. 100배에 이르면 그 허물을 흠잡고 1000배가 되면 누가 어찌해도 믿지 않습니다"

라고 했으며, 《고문원》에서 양웅의 〈위위잠〉에는 "진나라 이세 황제가 망령되어 망이궁에서 패망했는데 염락이 왕명이라 속이고 찾아 뒤지니 창을 든 자가 누구인지를 찾지 못했다"라고 했다.

《詩》 "室人交徧摧我." 韓詩作讙, 玉篇作譙, 丁回切, 謫也. 《六韜》 "令我壘上, 誰何不絶." 《史記》 賈誼 〈過秦論〉 "陳利兵而誰何?" 誰, 讙同, 何, 呵同. 《漢書》 〈五行志〉 "主公車大誰卒." 註, "大誰, 主問非常之人, 云姓名是誰何也." 此解未當. 《焦氏易林》 "當年少寡, 獨與孤處, 鷄鳴犬吠, 無敢誰者." 《說苑》 "民知十, 已則尚與之爭, 曰不如吾也. 百, 已則疵其過, 千, 已則誰而不信." 楊雄 〈衛尉箴〉 "二世妄宿, 敗於望夷, 閻樂矯搜, 戟者不誰."

요(幺)

1은 수의 근본이 되기 때문에 큰 것[大]을 명명하는 것일 수 있다. 첫해의 명칭이 원년(元年)이고 큰아들의 명칭이 원자(元子)인 것이 이런 경우다. 또한 수의 처음이 되기 때문에 작은 것[小]을 명명하는 것일 수 있다. 주사위의 1을 요(幺)라고 말하는 것이 이런 경우다. 《이아》에는 "요는 어린 것[幼]이다"라고 했는데 그 주해에 "돼지 새끼 중에서 가장 마지막에 태어난 것으로 세속에서 요돈(幺豚)으로 부른다"라고 했다. 그러므로 후대 사람들에게 보잘것없는 사람이라는 뜻의 요마(幺麽)라는 호칭이 있었던 것이다. 《설문해자》에는 "요는 작은 것이다. 글자의 모양은 처음 태어났을 때의 형상이다"라고 했는데 유(幼)라는 글자는 요(幺)를 본뜬 것으로 뜻도 취했다. 《한서》〈식화지〉에는 "왕망이 전화(錢貨)를 소전(小錢)·요전(幺錢)·유전(幼錢)·중전(中錢)·장전(壯錢)·대전(大錢) 등 여섯 가지 품계로 했고, 패화(貝貨)를 대패(大貝)·장패(壯貝)·요패(幺貝)·소패(小貝)와 1촌 2푼이 안 되는 것 등 다섯 가지 품계로 했으며, 포화(布貨)를 대포(大布)·차포

(次布)·제포(弟布)·장포(壯布)·중포(中布)·차포(差布)·후포(厚布)·유포(幼布)·요포(幺布)·소포(小布) 등 열 가지 품계로 했다" 했고 《수서》 〈율력지〉에는 "무릇 하루가 완전하지 않아서 남게 되는데, 누적하여 남는 것으로 완성한 것을 초(秒)라고 부르고, 각도가 완전하지 않아서 나누게 되는데 누적하여 나눈 것으로 완성한 것을 멸(篾)이라고 부른다. 그중에서 초를 완성하지 못한 것을 마(麼)라고 하고 멸을 완성하지 못한 것을 요(幺)라 한다"라고 했다. 《한서》에서 반표의 〈왕명론〉에는 "요마는 오히려 날치 새끼에도 미치지 못한다"라고 했고, 채옹의 〈단인부〉에는 "그 나머지는 절름발이와 어린애였구나"라고 했다. 진나라 《문선》에서 육기의 〈문부〉에는 "오히려 가야금 줄은 가늘고 거문고 줄은 팽팽하기 때문에 비록 화음을 이루어도 슬프지가 않구나"라고 했고, 《진서》에서 곽박의 〈형화찬〉에는 "환한 밤길을 걸으니 작고 어린 벌레들이구나"라고 했으며, 노심의 〈실솔부〉에는 "귀신의 기운을 담은 작은 풀을 배향하도다"라고 했는데, 다 이 요(幺) 자를 함께 쓰고 있다. 《당서》 〈양염전〉에는 "노기의 용모가 작고 왜소했다"라고 했고, 《송사》 〈악비전〉에는 "양요의 본명은 양태인데 태의 나이가 어려서 초나라 사람들이 작은

것을 요라고 불렀던 까닭에 양요라고 불렀다"고 했으니 속칭 요(么)로 쓰는데 틀린 말이다.

一爲數之本, 故可以大名之. 一年之稱元年, 長子之稱元子, 是也. 又爲數之初, 故可以小名之. 骰子之謂一爲幺, 是也. 《爾雅》 "幺, 幼." 註曰, "豕子最後生者, 俗呼爲幺豚." 故後人有幺麿(麼)之稱. 《說文》 "幺, 小也. 象子初生之形." 幼字從幺, 亦取此義. 《漢書》 〈食貨志〉 "王莽作錢貨六品, 小錢 · 幺錢 · 幼錢 · 中錢 · 壯錢 · 大錢. 貝貨五品, 大貝 · 壯貝 · 幺貝 · 小貝及不盈寸二分者. 布貨十品, 大布 · 次布 · 弟布 · 壯布 · 中布 · 差布 · 厚布 · 幼布 · 幺布 · 小布." 《隋書》 〈律曆志〉 "凡日不全爲餘, 積以成餘者曰杪, 度不全爲分, 積以成分者曰篾. 其有不成杪曰麼, 不成篾曰幺." 班彪 〈王命論〉 "幺麿尙不及數子." 蔡邕 〈短人賦〉 "其餘尫幺." 晉陸機 〈文賦〉 "猶絃幺而徽急, 故雖和而不悲." 郭璞 〈螢火贊〉 "熠熠宵行, 蟲之微幺." 盧諶 〈蟋蟀賦〉 "享神氣之幺㷠." 竝用此字. 《唐書》 〈楊炎傳〉 "盧杞貌幺陋." 《宋史》 〈岳飛傳〉 "楊幺本名楊太, 太年幼, 楚人謂小爲幺, 故曰楊幺." 俗作么, 非.

형(陘)

오늘날 정형(井陘)현의 형을 옛 책에 형(鈃)으로 써 놓은 것은 《목천자전》에 "(황제가) 형산(鈃山) 아래에 이르렀다"라고 한 것이 이 말이다. 연(硏)으로 쓰인 경우로는 《한서》 〈지리지〉의 "상당군에 석연궐(石硏闕)이 있다"가 이 말이다. 견(岍)으로 쓰인 경우로는 《진서》 〈석륵재기〉의 "석계룡으로 하여금 견북(岍北)에서 탁후부를 격파하고 돌나를 굴복시켜 크게 깨뜨렸다"가 있다. 경(硜)으로 쓰인 경우로는 《진서》 〈호분전〉의 "주둔한 군대가 북쪽으로 곧장 나갔다"가 있다. 경(巠)으로 쓰인 경우로는 양웅의 《법언》에서 "산비탈 좁은 길"이 있다. 경(徑)으로 쓰인 경우로는 《고문원》에서 이우의 〈함곡관부〉에 "북쪽으로 가면 소관이 있어 하늘 끝에 위치하고 호리병 입구 같은 돌이 많은 지름길로 대삭을 관통하고 뛰어넘어 북정도호부에 도착한다"가 있다.

今井陘之陘, 古書有作鈃者, 《穆天子傳》 "至於鈃山之下." 是也. 有作硏者, 《漢書》 〈地理志〉 "上黨郡有石硏闕." 是也. 有作岍者, 《晉書》 〈石勒載記〉 "使石季龍擊託候部掘咄哪于岍北, 大破之.” 是也. 有作硜者, 《晉書》〈胡奮傳〉“頓軍硜北.” 是也. 有作⿰山巠者, 楊子 《法言》“山之⿰山巠蹊.” 是也. 有作徑者, 李尤〈函谷關賦〉“於北則有蕭居天井, 壺口石徑, 貫越代朔, 以臨北庭.” 是也.

종규(終葵)

《주례》〈동관고공기〉에는 "큰 홀[大圭]은 길이 석 자로 저상에 몽치[終葵]가 있다"라고 했으며《예기》〈옥저〉에는 "종규는 쇠몽치[椎]"라고 했다.《방언》에는 "제나라 사람들은 추를 종규라고 부른다"라고 했고《후한서》에서 마융의 〈광성송〉에 "종규를 휘두르고 관부를 날리다"라고 했으니 대개 옛날 사람들은 추로 귀신을 쫓고 크게 푸닥거리를 했던 것이다. 요즘 사람들은 집안에 종규의 모습을 그려 놓고 말하기를 당나라 때 사람으로 귀신을 잡을 수 있는 자라고 한다. 현종이 일찍이 꿈에서 귀신을 본 일을 심존중의《보필담》안에 실어 놓았다고 하는데 반드시 그렇지는 않다.《위서》에는 "요훤(堯暄)의 본명은 종규(鍾葵)이고 자는 벽사(辟邪)"라고 했으니 옛사람들이 종규(鍾葵)를 귀신 쫓는 기물로 삼았던 것이다. 또 회남왕 타의 아들 이름이 종규이고 양종규 · 구종규 · 이종규 · 모용종규 · 교종규 · 단종규 등이 있는데 굳세다(勁)는 의미로 종규를 자로 삼았던 것이며, 장백택의 본래 자도 종규다.《당서》에는 "왕무준의 장수 장종규"라고 했는데 이런 식으로 이름 지은 것이 너무 많다. 그 모양이 비슷하다는 이유로 이름을 지었다고 하지만 어찌 벽사의 뜻을 취한 것이겠는가? 《좌전》에 "정공 4년에 강숙에게 은나라 백성 중 일곱 씨족을 나누어 주었는데 종규씨(終葵氏)가 있었다"고 했는데 이것 또한 그 이름을 만든 뜻을 알 수 없다.

〈考工記〉"大圭長三尺, 杼上終葵首."《禮記》〈玉藻〉"終葵, 椎也."《方言》"齊人謂椎爲終葵." 馬融〈廣成頌〉"翬終葵, 揚關斧." 蓋古人以椎逐鬼, 若大儺之爲耳. 今人於户上畫鍾馗像, 云唐時人, 能捕鬼者. 玄宗嘗夢見之, 事載沈存中《補筆談》, 未必然也. 《魏書》"堯暄本名, 鍾葵, 字辟邪." 則古人固以鍾葵爲辟邪之物矣. 又有淮南王佗子名鍾葵, 有楊鍾葵 · 丘鍾葵 · 李鍾葵 · 慕容鍾葵 · 喬鍾葵 · 段鍾葵, 于勁字鍾葵, 張白澤本字鍾葵. 《唐書》有"王武俊將張鍾葵" 則以此爲名者甚多, 豈以其形似而名之, 抑取辟邪之義與? 《左傳》 定四年, "分康叔以殷民七族, 有終葵氏." 是又不可知其立名之意也.

초마(草馬)

《이아》에서 "말의 수컷을 즐(騭)이라 부르고 암컷을 사(騇)라고 부른다"라고 했는데 곽박의 주해에는 "수컷을 박마(駁馬)로 부르고 암컷을 초마(草馬)로 부른다"라고 했다. 《위지》〈두기전〉에는 "(두기가) 하동태수가 되어 백성들에게 암소와 초마를 기르도록 부과했다"라고 했고 《진서》〈양무소왕전〉에는 "집에 있는 초마에게 왜초(騧草)를 주었더니 흰 이마를 가진 망아지를 낳았다"라고 했다. 《위서》〈연연전〉에는 "아나괴의 아비에게 초마 500필을 하사했다"라고 했고 〈토욕혼전〉에는 "토욕혼(티베트)은 일찍이 이 초마를 탈 수 있어서 자유롭게 청해를 드나들었고 이로 인해 총구(騘駒)가 생겼다"라고 했으며 《수서》〈허선심전〉에는 "초마 20필을 하사했다"라고 했다. 요즘 사람들은 수컷을 아마(兒馬)라고 부르고 암컷을 과마(騍馬)라고 부르지만 암컷 나귀만은 초려(草驢)라고 부른다.

《爾雅》 馬屬, "牡曰騭, 牝曰騇." 郭璞註, "以牡爲駁馬, 牝爲草馬." 《魏志》 〈杜畿傳〉 "爲河東太守, 課民畜牸牛草馬." 《晉書》 〈凉武昭王傳〉 "家有騧草馬, 生白額駒."

《魏書》〈蠕蠕傳〉"賜阿哪瓌父草馬五百匹."〈吐谷渾傳〉"吐谷渾, 嘗得波斯草馬, 放入海, 因生驄駒."《隋書》〈許善心傳〉"賜草馬二十匹." 今人則以牡爲兒馬, 牝爲騍馬, 而唯牝驢乃言草驢.

초려 · 여묘(草驢女猫)

요즈음 사람들은 암컷 나귀를 초려(草驢)라고 부른다. 《북제서》〈양음전〉에 "선인(選人)인 노만한이 원자 사방의 집에 있는 꼬리털이 떨어진 초려를 탔다"고 했으니 북제 때 이미 이런 말이 있었다. 산동과 하북 사람들은 암고양이를 여묘(女猫)라고 부르는데 《수서》〈외척 독고타전〉에 "고양이 귀신을 부리는 여종[猫女]이 올 수 있는데도 궁중에 머물지 않은 지가 (오래되었구나)"라고 했으니 수나라 시대에 이미 이런 말이 있었다.

今人謂牝驢爲草驢. 《北齊書》 〈楊愔傳〉 "選人魯漫漢, 在元子思坊, 騎禿尾草驢." 是北齊時, 已有此語. 山東 · 河北人謂牝猫爲女猫, 《隋書》 〈外戚 獨孤陁傳〉 "猫女可來, 無住宮中." 是隋時已有此語.

해설

《일지록(日知錄)》은 왕부지(王夫之) · 황종희(黃宗羲)와 함께 삼대 유로(遺老)로 알려진 고염무의 역작이다. 고염무는 일지(日知)의 의미에 대해 《일지록》의 목차(目次) 앞에 "내(고염무)가 어릴 적부터 책을 읽다가 깨달은 바가 있으면 그때마다 기록해 두었는데 합치되지 않는 부분이 있어서 때때로 다시 고쳤다… 자하(子夏)의 말을 취해 이름 짓기를 일지록이라 했으니 이를 통해 후대의 군자를 바로잡겠다"라고 소개하고 있다. 즉 일지는 《논어》〈자장〉의 "날마다 알지 못한 것을 깨닫게 되고 달마다 할 수 있는 것을 잊지 않으면 배우는 것을 좋아한다고 말할 수 있다(日知其所亡, 月無忘其所能, 可謂好學也已矣)"라는 구절에서 기원한다. 따라서 《일지록》은 '매일 깨달음의 기록'이라는 의미를 갖는 동시에 고염무 자신의 정치적 문제의식이 명료하게 드러나 있는 정치 개혁론이기도 하다.

고염무는 명 왕조의 멸망을 과거 순기능으로 작용했던 통치 기제의 합리성이 붕괴된 결과로 판단했다. 특히 통치 이념으로서 성리학이 본래 지닌 실용적이고 경세적인 측면이 쇠락하고 관념적이고 추상적인 원리로 변질되었기 때문에 체제 내부의 문제에 대응하지 못했다고 파악했다. 왜냐하면 성리학의 심학화(心學化)는 개인의 수양에 국한된 세계관을 가져왔고, 이로 인해 정치 과정에 진입한 학습된 관료들 역시 해결 능력의 부족 내지 통치 기제의 합리성에 대한 몰이해라는 문제점을 드러냈기 때문이다. 이런 맥락에서 고염무는 명의 멸망 원인 중 하나로 당시의 학술적 폐해를 지적한다. 즉 관념적 · 추상적 원리로 경도된 심학으로서의 이학(理學)의 폐해로부터 벗어나 경전에 대한 충실한 독서와 경전에 내포된 본래의 의미, 즉 경세(經世)를 위한 학문으로서의 취지를 회복해야 한다는 것이다. 그 해답은 경학(經學)을 중심으로 하는 경세적인 학문 태도로의 복귀와 이에 의거해서 학습된 인재의 등용을 통한 명 왕조의 부활이었다. 결국 《일지록》은 실패한 통치 기제의 원인 분석과 이를 보완할 수 있는 대안의 모색이라는 정치 개혁론의 성격을 가질 수밖에 없다.

《일지록》은 총 32권 1021항목으로 구성되어 있다. 《일지록》의 구성을 보자면 1~7권은 경전[經], 8~12권은 정치(政治), 13권은 풍속(風俗), 14권은 예제(禮制), 16~17

권은 과거(科擧), 18~21권은 문학과 예술, 22~24권은 명의(名義), 25권은 고사(古事), 26권은 역사[史法], 27권은 해석[注法], 28권은 잡사(雜事), 29권은 군대[兵事], 30권은 천문[天象], 31권은 지리(地理), 32권은 기타[雜考]로 구성되어 있다. 전체를 다시 크게 세 가지 영역으로 나눈다면 경의(經義), 치도(治道), 박문(博聞)으로 구분할 수 있다. 즉 경의는 경전에 대한 새로운 해석(한 대 유학으로의 복귀)을 시도하는 경학론이고, 치도는 사회·경제적 상황을 분석해서 일종의 흥망의 법칙을 추출하려는 통치론이며, 박문은 고금의 역사와 천문, 지리를 관통하는 지식론이다. 비록 고염무가 언제부터 이를 구상하고 집필을 시작했는지 정확히 알 수는 없지만, 《일지록》은 각종 경전과 기록을 정독하고 요체만을 추출해 고증한 그 자신의 평생에 걸친 기록이자 고염무를 청대 고증학(考證學)의 개산조(開山祖)로 자리매김하게 하는 작품이기도 하다.

《일지록》의 최초본은 강희(康熙) 9년(1670) 고염무의 나이 58세 때 8권 771항목으로 회안(淮安)에서 간행됐는데 이를 부산당초각본(符山堂初刻本)이라고 부른다. 1682년 고염무가 사망한 이후인 강희 34년(1695), 고염무를 사숙한 제자 반뢰(潘耒)가 고염무의 집안에서 《일지록》의 원고 전부를 얻어 복건(福建)에서 32권으로 발행했는데 이를 수초당각본(遂初堂刻本)이라고 부른다. 여기에는 이전 부산당초각본에서 제외된 140항목이 첨가되었고 이후 《일지록지여(日知錄之餘)》 4권이 추가되었을 때 첨가된 102항목과 황간(黃侃)의 《교기(校記)》에서 더해진 2개 항목을 합쳐 1015항목이 되었다. 도광(道光) 14년(1834) 가정학자(嘉定學者) 황여성(黃汝成)은 수초당각본을 저본으로 하고 염약거(閻若璩) · 심동(沈彤) · 양녕(楊寧) · 전대흔(錢大昕) 등의 교본을 참고해 도광 연간 이전 90여 명의 학자들이 이룬 《일지록》의 연구 성과를 담아 《일지록집석(日知錄集釋)》 32권을 완성했다. 이후 《일지록간오(日知錄刊誤)》와 《일지록속간오(日知錄續刊誤)》 각 2권을 연이어 간행함으로써 수초당각본의 심각한 오류를 교정하여 최종적인 완성을 이루었다. 현재 《일지록》은 황여성의 통행본(通行本)과 1958년 장계가 간행한 원초본(原抄本)이 있으며, 양자 간에는 편차의 차이가 있으나 내용에는 실질적인 차이가 없다고 한다.

본 번역을 위한 저본으로는 양가락(楊家駱) 주편(主編), 《增訂中國學術名著第一輯》의 《增補中國思想名著》(臺北: 世界書局, 1972, 4版) 중 《일지록집석》(상 · 하)을

채택했다. 여기에는 고염무의 〈일지록〉, 〈일지록지여〉, 〈고중수필(菰中隨筆)〉과 황여성의 〈집석〉, 〈간오〉, 〈속간오〉 및 황간의 〈교기〉가 포함되었으며 32권 1021항목으로 구성되어 있다. 이 번역본은 《일지록》을 고증의 사례, 정치제도, 사회·경제제도, 전통과 풍속, 경학 해석, 역사의식, 박문의 일곱 가지 세부 영역으로 구분해 총 69개 항목을 직접 발췌한 것이다. 물론 소개된 항목들의 중요성은 독자의 관점에 따라 다르겠지만, 이론의 여지가 없는 중요한 항목은 가급적 빠뜨리지 않으면서 일반적인 독자들의 흥미를 끌 만한 내용도 첨가하려고 했다. 예를 들어 "법제와 금령의 근본은 사람의 마음을 바르게 하고 풍속을 도탑게 하는 데 있다"(〈법제(法制)〉)는 내용은 법치주의(法治主義)에 대한 고정관념을 깨뜨리고 법에 의한 지배(Ruled by Law)라는 민주주의 원칙을 다시 생각해 볼 여지를 담고 있다. 또 "천하의 보존에는 필부와 같이 비천한 자들도 더불어 책임이 있다"(〈정시(正始)〉)라는 고염무의 단정은 개인의 정치적 책무를 강조한 대목으로 현대의 정치의식과 비교해도 손색이 없는 《일지록》의 백미다. 반면 역사에 관한 내용 중 〈구주(九州)〉의 경우 치밀한 고증을 중시하고 근거 없는 설명을 배척하는 태도를 보이지만, "이것이 후세의 영토 넓이가 우임금이 성취한 구주 안에 그치고, 천지의 기세도 서북쪽으로부터 동남쪽으로 향하게 되며, 나날이 황무지를 개척했어도 오늘날까지 오히려 끝나지 않은 까닭이다"라는 마지막 문장은 이른바 '동북공정'의 배경이 되는 현대 중국의 영토관을 이해하는 단서이기도 하다.

이는 중국 정부의 외교 행태 역시 뿌리 깊은 역사의식에서 비롯되었음을 알려 주는 동시에 무엇이 가장 적절한 대항 논리인지를 시사한다. 이와 더불어 〈구리[銅]〉, 〈토항(土炕)〉의 경우 단편적이고 짧은 문장에 국한되었지만, 우리 역사와 연관된 내용도 발견된다는 점에서 우리 역사와의 교차 비교가 가능한 일종의 고증 자료가 될 것이다. 사실 독자들의 관점에 따라 그 중요성과 선택은 다를 수 있다. 그러나 고염무와 《일지록》에 대한 기존의 이해와 고정관념에 따를 경우, 독자들의 관심은 고염무의 경학에 대한 태도와 해석, 역사의식, 박문에 집중되거나 고증, 정치 및 사회 · 경제적 개혁론에 집중될 수 있다.

옮긴이의 과문 탓일지도 모르지만, 현재까지 《일지록》의 국내 번역이 이루어졌다는 소식은 듣지 못했다. 이 점에서 비록 편역의 형태를 취할지라도 《일지록》의 한글 번역은 본 번역서가 처음인 듯하다. 특히 《일지록》과 더불어 항상 비견되는 황종희의 《명이대방록(明夷待訪錄)》이 국내에 널리 알려져 있는 현실을 고려할 때, 《일지록》에 대한 이해는 그다지 대중적이지 못한 것도 대조적이다. 그 원인 중 하나는 아마도 중국의 고금을 관통하고 고전, 역사, 천문, 지리, 고사(故事)를 자유자재로 넘나들었던 고염무의 박학(博學)에 있을 것이다. 따라서 황종희의 《명이대방록》을 읽고 "선생의 것과 열 개 중 예닐곱 개는 같다(同于先生者, 十之六七)"고 했던 고염무의 응답 이면에는 《일지록》의 독창성에 대한 자긍심이 엿보인다.

번역 과정에서 원문이 지닌 유장하고 중후한 맛을 살리기 위해 옮긴이의 설명이나 각주는 생략하고 원문을 그대로 직역하는 방식을 택했다. 특히 《일지록》 전체를 관통하는 방대한 인명, 서명, 지명, 관직명, 풍속 등과 함께 한글로 풀어 쓸 경우 의미 전달이 모호해질 수 있다고 판단되는 개념어는 약간의 의역을 제외하고 원문 그대로 표기했다. 대신 한글 번역에 괄호로 한자를 병기하는 방식을 취함으로써 원래의 의미를 최대한 되살리려 했다. 그럼에도 번역 과정에서 발생한 모든 오류는 전적으로 능력이 부족했던 옮긴이의 책임일 것이다. 다만 본 번역서의 출간을 통해 인문학 전공자에게만 알려졌던 《일지록》을 사회과학 전공자들이 정치적 텍스트로 접근할 수 있는 좋은 기회를 얻으리라 기대한다.

마지막으로 옮긴이의 게으름과 늑장에도 불구하고 단 한 번 채근하지 않고 기다려 주신 '지식을만드는지식'에 한없는 고마움을 전하고 싶다.

지은이에 대해

고염무(顧炎武, 1613. 7. 15~1682. 2. 15)는 명나라 만력(萬曆) 41년 강소성(江蘇省) 곤산(昆山)에서 출생해 청나라 강희(康熙) 21년 산서성(山西省) 곡옥(曲沃)에서 사망했다. 본명은 강(絳)이고 자(字)는 충청(忠淸)이다. 명나라 멸망 이후 이름을 염무(炎武), 자를 영인(寧人)으로 고쳤다. 서명(署名)은 장산용(蔣山傭), 호는 정림(亭林)으로, 세상에 정림 선생으로도 알려져 있으며, 청대 고증학의 개조(開祖)로 평가되고 있다.

고염무는 강동 지역의 명망가 출신으로 계조부(繼祖父) 고소불(顧紹芾)의 아들인 고동길(顧同吉)이 죽어 대를 이을 수 없게 되자 고소불의 양손자로 입양되었다. 특히 고염무는 고동길과 정혼했던 약속을 그대로 이행해 수절한 양어머니 왕씨(王氏)에게서 6세부터 《소학》, 《대학》을 배우며 국가에 대한 충성심과 전통적 명분론에 감화를 받았다고 한다. 14세에 제생(諸生) 자격을 취득한 이후 고염무는 명나라 멸망 때까지 양조부의 교육과 지도하에 고전(古典)과 당대의 정치 · 경제에 대한 심도 깊은 학습을 받았다. 더욱이 초서(抄書)를 강조했던 양조부의 영향은 고염무의 3대 정치 저작으로 알려진 《일지록》, 《천하군국이병서(天下郡國利病書)》, 《조역지(肇域志)》 찬술의 기초로 작용했다고 한다. 한편 고염무는 명나라 멸망과 함께 청 순치(順治) 원년(1644)부터 약 12년간 두 차례 무장투쟁과 비밀결사인 복사(復社)에도 간여했다. 이후 청조 출사를 거부하고 순치 14년(1657)부터 사망할 때까지 강남 지역을 떠나 "사방을 굽이굽이 2~3만 리를 왕래하며 또한 기록을 열람한 것만도 1만여 권에 이르도록(往来曲折二三万里, 所覽書又得萬餘卷)" 하북 · 산동 · 산서 · 섬서 등 북방의 옛 제(齊) · 노(魯) · 연(燕) · 조(趙) · 진(晉) · 진(秦) 지역을 여행하면서 역사와 경학의 고증과 음운 연구 및 저술 활동에 주력했다. 고염무는 평생 《일지록》 32권, 《천하군국이병서》 100권, 《음학오서(音學五書)》 38권 등 370여 권의 저술을 남겼다.

옮긴이에 대해

윤대식(尹大植)은 한국외국어대학교 정치외교학과를 졸업하고 동 대학원에서 정치학 박사학위를 취득했다.

고대 중국의 유·법가, 조선 후기 실학, 한국 정치사에 관한 연구를 진행했으며, 고대 법가 철학과 조선왕조의 리더십 연구에 주력하고 있다.

현재 충북대학교 우암연구소 전임연구원, 한국외국어대학교 미네르바교양대학 조교수로 재직 중이다.

주요 논저로는 〈일지록(日知錄)에 내포된 중국 실학의 정치적 의도와 조선으로의 유입 과정〉(2004), 〈상앙의 법치주의에 내재한 정치적 의무〉(2004), 〈맹자의 왕도주의에 내재한 정치적 의무의 기제〉(2005), 《17·18세기 조선의 외국서적 수용과 독서문화》(2006, 공저), 《동아시아의 정치적 의무관에 대한 모색》(2008) 《상앙, 이목지신을 지킨 아이언맨》(2020), 《유인석평전》(2020) 등이 있다.

원서발췌 일지록

지은이 고염무
옮긴이 윤대식
펴낸이 박영률

초판 1쇄 펴낸날 2019년 3월 6일
개정1판 1쇄 펴낸날 2026년 1월 20일

커뮤니케이션북스(주)
출판등록 제313-2007-000166호(2007년 8월 17일)
02880 서울시 성북구 성북로 5-11
전화 (02) 7474 001, 팩스 (02) 736 5047
commbooks@commbooks.com
www.commbooks.com

지식을만드는지식은
커뮤니케이션북스(주)의 고전 출판 브랜드입니다.

ISBN 979-11-430-1708-6 03150

책값은 뒤표지에 있습니다.